BEI GRIN MACHT SICH IHR WISSEN BEZAHLT

- Wir veröffentlichen Ihre Hausarbeit, Bachelor- und Masterarbeit

- Ihr eigenes eBook und Buch - weltweit in allen wichtigen Shops

- Verdienen Sie an jedem Verkauf

Jetzt bei www.GRIN.com hochladen und kostenlos publizieren

Ilse Frapan

Liebesmühen

Aus: Flügel auf! Novellen

GRIN Verlag

Bibliografische Information der Deutschen Nationalbibliothek:

Die Deutsche Bibliothek verzeichnet diese Publikation in der Deutschen Nationalbibliografie; detaillierte bibliografische Daten sind im Internet über http://dnb.d-nb.de/ abrufbar.

Dieses Werk sowie alle darin enthaltenen einzelnen Beiträge und Abbildungen sind urheberrechtlich geschützt. Jede Verwertung, die nicht ausdrücklich vom Urheberrechtsschutz zugelassen ist, bedarf der vorherigen Zustimmung des Verlages. Das gilt insbesondere für Vervielfältigungen, Bearbeitungen, Übersetzungen, Mikroverfilmungen, Auswertungen durch Datenbanken und für die Einspeicherung und Verarbeitung in elektronische Systeme. Alle Rechte, auch die des auszugsweisen Nachdrucks, der fotomechanischen Wiedergabe (einschließlich Mikrokopie) sowie der Auswertung durch Datenbanken oder ähnliche Einrichtungen, vorbehalten.

Impressum:

Copyright © 2008 GRIN Verlag GmbH
Druck und Bindung: Books on Demand GmbH, Norderstedt Germany
ISBN: 978-3-640-23452-3

Dieses Buch bei GRIN:

http://www.grin.com/de/e-book/119871/liebesmuehen

GRIN - Your knowledge has value

Der GRIN Verlag publiziert seit 1998 wissenschaftliche Arbeiten von Studenten, Hochschullehrern und anderen Akademikern als eBook und gedrucktes Buch. Die Verlagswebsite www.grin.com ist die ideale Plattform zur Veröffentlichung von Hausarbeiten, Abschlussarbeiten, wissenschaftlichen Aufsätzen, Dissertationen und Fachbüchern.

Besuchen Sie uns im Internet:

http://www.grin.com/

http://www.facebook.com/grincom

http://www.twitter.com/grin_com

Ilse Frapan

Liebesmühen

[aus „Flügel auf! Novellen", erstmalig erschienen 1895]

Neun Uhr dreißig? Also in dreiviertel Stunden? Nein, da geh' ich lieber zu Fuß.« Der Frager trat vom Bahnhofschalter zurück, das Fenster klappte herunter, die kleine Lampe ward weggenommen. In ihrem verschwindenden Schein bemühte sich der Draußenstehende, die lange gehäkelte Geldbörse wieder in die Tasche zu versenken. Eine unglaubliche Einrichtung, diese dünnen Schläuche; unbequem genug, um sie nur an hohen Sonn- und Feiertagen zu gebrauchen wie der heutige Er streichelte die knisternde seidene Schlange in seiner Tasche, – Toni's verwöhnte weiße Fingerchen hatten sie für ihn gearbeitet, und mit verleibten Blicken war er damals den Verschlingungen der dunkelrothen Fäden gefolgt. Zwei Jahre waren's nun, seit er das Abschiedsgeschenk von ihr empfangen und treulich im Koffer überall mit sich herumgetragen hatte: nach Jena, nach Wien, nach München, wie es einem sehnsüchtigen Bräutigam und zukünftigen braven Ehemann ziemte.

In fröhlicher Eile schritt er aus dem kleinen Bahnhof, wo schon die Gasflammen aufzuckten, hinaus auf die halbdunkle dörfliche Straße, an den Gärten vorbei, wo zwischen dem Grün bunte Ampeln leuchteten, aus den Lauben Plaudern und Mädchenlachen, Zitherklang und Klaviergeklimper aus offenen Hausthüren und Fenstern drang. Mit graurothem, drohendem Gewölk, dunstig und sternenlose lag der heiße Sommerabend über dem schwarzblau schimmernden Wasser des See's. Die Abkühlung mußte doch noch bald kommen; schon mischte sich hie und da ein schneller frischer Zug vom Wasser her in die stummen Lüfte, und das Laub am Waldesrand bebte und seufzte. Der Gang durch die Nacht mußte heute etwas besonderes Lockendes, Heimlichsüßes haben für den, der mit sich allein, die Geliebte im Herzen, dem Wiedersehen mit ihr entgegenwanderte. Er dachte mit Widerwillen an die sonnedurchheizten dumpfen Coupés, in deren staubigen Ecken noch die ganze Schwüle des langen Tages hocken mußte. »Wie thöricht, dort hineinzukriechen, – wie sonderbar, daß es immer das erste Vehikel ist, an das der moderne Mensch denkt, selbst wenn er ein Paar so langer und solider Beine besitzt wie ich« – Ein glücklicher Zufall, daß ihm Toni's Briefchen nach Leoni nachgesandt worden. Toni und ihre Mutter in München, plötzlich, ohne lange Vorberathung und Verabredung Hoch schlug ihm das Herz. Heute zwar würde es zu spät sein, sie zu sehen; aber gleich morgen früh hoffte er die Langentbehrte in die Arme zu schließen. Und es fiel ihm Mörikes liebliches Gedicht ein, wie der früh zu seinem Mädchen kommt, sie aber, »das schlanke Bäumchen«, vor dem Spiegel steht

» – und wascht sich emsig.

O wie lieblich träuft die weiße Stirne,

Träuft die Rosenwange Silbernässe,«

Ja, wer's auch so gut hätte Er seufzte, da ihm das Bild der Braut in so blumiger Morgenfrische vor Augen trat.

»Hangen aufgelöst die süßen Haare,

Locker spielen Tücher und Gewänder –«

Was wohl die Mama sagen würde zu solch einem Einbruch Und Toni selbst Sie war nur siebzehn Jahre alt gewesen, als er sich mit ihr verlobte, aber wie schnell würde sie ihn seiner Wege gewiesen haben, wenn er – –

Nun freilich, in einem städtischen wohlgeordneten Haus wär's ja auch kaum denkbar und erhört, solch ein Vorfall wie der in dem Gedicht; so unschuldig reizend dort alles klingt, es ist doch ein weiter, weiter Abstand zwischen Wirklichkeit und Poesie. »Übrigens, zu denken, daß ich diesen Mörike erst seit vier Wochen kenne, – es ist eine Schande Man bleibt doch ein Barbar in so einem Laboratorium. Gut, daß ich eine Frau bekomme, die mir auch einmal etwas zutragen kann. Mit den Kollegen hat man ja doch nichts als Fachsimpelei. Bin neugierig, ob Toni den Mörike kennt Ich wette, nein. Muß ihn aber lesen und dann – – Ach ja, das Wiedersehen mit dem kleinen Schatz wird recht anders werden, als bei dem naiven, blutwarmen, schalkhaften Dichter Ehe die blonden Löckchen, die ich so liebe, nicht alle schön gekräuselt sind, kommt das Kind gewiß nicht zum Vorschein, und da Mama das Frühaufstehen schon ein paar Mal mir gegenüber als eine Angewohnheit der 'niederen Klassen' bezeichnet hat, so darf ich keinesfalls vor zehn Uhr an ihre Thüre klopfen. Gut, daß ich den weiten Marsch vor mir habe, das wird meine Sehnsucht zerstreuen und mich rechtschaffen müde machen. Vielleicht schlaf' ich selbst bis in den hellen Morgen hinein, und die Stunde ist da, ehe ich's gedacht.«

Wohlgemuth schritt er weiter, immer dem Seeufer entlang, umfächelt von dem Duft ungesehener Gärten, denn der Julitag war nun ganz verglommen. Als er in den Wald eintrat, hauchte ihm unter den dichten Schirmkronen der Kiefern und Buchern erstickende Schwüle entgegen, er mußte den Schritt verlangsamen. Aufathmend stand er dann unter den letzten Bäumen des Forstes über Starnberg und sah das grüne Licht des Salondampfes wie ein langsam kriechendes Glühwürmchen über den dunkeln See ziehen.

Ein Käuzchen schrie hinter ihm, ein Zweig knackte, von einem Nachtvogel berührt, sonst war es athemlos still. Von den Sommergästen drunten am See war nichts mehr zu spüren, nur oben hinter einem Fenster des epheuumkränzten alten Schlosses blinkte die Lampe eines einsamen Kanzlisten. Gemächlich schlenderte er abwärts über den von Baumwurzeln holperigen Fußpfad. Es roch moosig und pilzig. »Schade, daß es nicht Frühling ist, – hier blüht es im April von Leberblumen und blutrother Erika, da hätt' ich selbst in aller Dunkelheit wohl einen Strauß zusammengebracht. Nun müssen es Gartenrosen sein, – wenn nur recht frische morgen früh im Laden zu bekommen sind Eine

Kollektion Pilze, wie sie in ganz München nicht leicht einer so schön und gelehrt zusammenstellen könnte, wie ich, darf ich ihr doch gewiß nicht bringen. Sie würde mir's als Pedanterie auslegen, wenn sie nicht etwa denkt, ich komme wie der Herr Nudelmeier daher mit einem Haufen selbstgelesener Schwammerling für die Küche« Er lachte laut auf über die heraufbeschworene Vorstellung.»Eigentlich sollt' man mal so etwas machen, um zu sehen, ob das Herzenskind Humor hat Aber vielleicht ist Humor kein so Frühlingsgewächs, zumal bei den Mädchen« Er konnte sich nicht klar werden, in der Erinnerung hatte er ein kleines, zartgefärbtes, blondes Wesen, reizend in jeder Bewegung, aber auf ihren gewöhnlichen Gesichtsausdruck besann er sich nicht.»Ein kleiner, ernsthafter Peter, glaub' ich,« sagte er halblaut. Dann, schon bereuend, als habe er etwas Unrechtes zugefügt, zog er die Geldbörse hervor und vergnügte sich damit, sie zu streicheln und zu drücken.»Süße Toni, ich komme mit leeren Händen, und du hast mir gewiß wieder eine reizende, nichtsnutzige Sache gestickt mit deinen niedlichen Pfötchen, die ich schon jetzt in Gedanken zärtlich küsse.« – Es blinkte etwas zwischen seinen Fingern und entrollte, ehe er es fassen konnte. Er rieb ein Streichholz an, aber das erste versagte, der Boden war unsichtbar, tiefe Dunkelheit ringsum. Viel Geld konnte es überdies nicht gewesen sein, er trug wenig bei sich.»So bleib', wo du bist,« rief er übermüthig,»und möge dich morgen ein anderer finden, der weniger reich ist als ich« Und im Vorgefühl seines nahenden Glückes sprang er in tollen Sätzen den Abhang hinunter, bis er mit flatternden Rockschößen auf der breiten Promenade zwischen einer Damengruppe landete, die, ihre Unterhaltung jäh beendend, mit Gekreisch auseinanderstob.

Da sie auf keine Entschuldung hörten, sondern mit einer Eile davonliefen, als würden sie erst am Ende der Welt stillstehen, gerieth er immer mehr in eine ausgelassene Lustigkeit, sprang vorwärts, und pfiff und sang alte Studentenlieder, als ob er wieder zwanzig Jahre alt wäre, statt achtundzwanzig. Er dachte flüchtig an gestern, vorgestern. Lieber Gott, der alte eingefrorene Mensch mit den knarrenden Gelenken und dem langen, nachdenklichen Gesicht, der hier ein paar Wochen herumgestelzt war, abgearbeitet und nervös, war das wirklich er gewesen? Er, Richard Hausdörffer, der Greuel der sommerfrischen Damen, denen er auswich, wo er konnte, das Angstgespenst seiner Hauswirthin, der er das feierliche Versprechen abgenommen, allem Umgang mit Musikinstrumenten für die Dauer seines Aufenthalts zu entsagen »wenn ihr das Leben lieb wäre« Solch ein unausstehlich anmaßender Patron war er geworden, und warum, wenn man fragen darf? Als Assistent mit tausend Mark jährlich und der Hoffnung, in einigen Jahren Extraordinarius zu werden? Er mußte lachen, wie gut er damit durchgekommen war, – die Leute schienen einen schauderhaften Respekt vor ihm zu haben. Ja, so ein langes Gesicht, das ist imponirend. Sie wußten ja nicht, daß er's eigentlich aus lauter innerer Langweile und Herzensmuße gemacht hatte. Eine Braut in Karlsruhe – pah – eine Taube auf dem Dach Was hat man davon, als die Verpflichtung, sein sittsam und ehrbarlich zu wandeln und Briefe zu schreiben, die Toni zur Noth der Mama zeigen kann. Ganz abgesehen davon, daß man sich so in diesem Verhältniß – genau genommen – von seinem eigentlichen Leben schriftlich doch sehr wenig sagen kann Ja, ja, so hatte er noch gestern gedacht und mit einer Art Resignation auf seine eigenen wohltemperirten Gefühle geblickt, als wären es die eines andern, und war dabei zu dem Schluß gekommen, daß er seine abgeschmackten, abenteuerlich geformten Knabenschuhe mit den unnützen Schnabelspitzen und dem bunten, phantastischen Troddelwerk nun endlich, endlich ausgetreten habe. Und heute? Heute fühlte er sie von neuem an den Füßen, und die Dinger waren schneller als Schlittschuh und Ski Er glitt auf ihnen über jedes Hinderniß hinweg, über jeden Graben und jeden Abgrund, glatt und beschwingt, ein köstliches Fliegen; er trat die Luft, und sie trug ihn; er wandelte auf dem Wasser und sank nicht. Aber immer sprach es dabei in ihm: halte die Stimmung fest, schlag nicht um, laß dich durch nichts beirren, das Schönste in der Welt ist dies froh unbändige Lebensgefühl, laß es dir nie wieder nehmen. »Sie muß mir mein Glück endlich ausliefern, mein Glück, Toni Man ist mur immer zu zaghaft, – ach, wir Jammermänner mit unseren tausendfältigen Ansprüchen, und darüber geht uns die Fähigkeit zu Grunde, voll zu genießen Aber heute – heute – Gott sei Dank, daß ich mich noch so freuen kann«

Daß es so schwül und dunkel war, dämpfte ihn nicht, reizte ihn vielmehr, – es schien ein geheimnißvolles Fluidum auszugehen von diesen bleichen Waldwiesen, das ihn aufregte. Es wetterleuchtete jetzt bald hier, bald dort hinter den Bäumen; anfangs nur röthlichblau, wie von einem angeriebenen Streichholz, dampfte es an einem Wolkenrande hin, dann kam es schneller und voller, ein fahlblauer Lichtstrom, der zwischen ein paar Riesenmuschelschalen hervorbrach, die sich eine schmale Spalte weit öffneten und lautlos wieder zuklappten Wie schön das ist, solch eine Nacht Wie dumm, sie im heißen Bette zu verschlafen, oder hinter Büchern und Apparaten zu verwachsen, wie er's im letzten Jahre nur zu oft gethan. Die einsame Kanzlistenlampe im Schloßfenster hatte ihn an seine eigene erinnert, die auch so Nacht für Nacht bis ein, zwei Uhr hinausgeschlimmert hatte zum Ärger seiner Wirthsleute, die immer in Angst vor einer Feuersbrunst waren. Besonders der Hausherr, – wir haben doch mehr so Doktoren gehabt, aber die sind bereits alle Abend – – und wenn Sie nur auch e guts Glasel Wein trinken würden, – wozu wachst er denn? und kein Bier? wo doch jeder Säugling bei uns sei' Maß trinkt – ganz grau und gelb werden Sie im Gesicht, meine Frau hat's auch schon bemerkt.« Und das mußte sich ein alter Alpentourist wie er sagen lassen Aber das mit der grauen Farbe hatte gestimmt. Pah, halt Stubenfarbe »Wenn's nur 'was Rechtes einträgt, so hab' ich nichts gesagt,« hatte Strohmeier begütigt. Das war nun erst vollends zum Wildwerden. »'was einträgt? Ja freilich, man schafft und experimentirt den ganzen Tag, und wenn die Woche herum ist, hat man ein paar Zahlen.« – »So, so Weiter nichts? Da thät' ich's aufgeben.« – »Wissen Sie denn, was ich mache, Herr Strohmeier?« – »Nein, Gott soll mich bewahren« – »Ja, wie denn reden über Dinge, die Sie nicht verstehen?« Er hatte das Glück, man nahm ihm nichts übel, mocht' er so grob werden, wie er wollte. Keiner nahm es für bös; – sogar wenn er sarkastisch sein wollte, kam es anders heraus. Die Natur hatte ihn nicht zur Respektsperson geschaffen; es hieß stets hinter seinem Rücken: mit dem Hausdörffer ist gut umgehen. Als ganz junger Mensch hatte ihn das oft geärgert, und auch jetzt, der zukünftigen Schwiegermutter gegenüber quälte ihm das Gefühl, keine rechte Autorität zu besitzen. Ja, was denn? Soll man aufspringen, die Augen rollen, die Löwenkralle zeigen, ein Machtgebrüll ertönen lassen, und das gegen eine Frau? Geschmacklos und roh Mamachen wird ihn schon achten lernen ohne das. Ein bißchen äußerer Erfolg, eine Professur, eine Arbeit, die Aufsehen macht, und sie wird sogar auf ihn stolz sein.

Dann, als die Frau Strohmeier auch anfing mit den »Löchern in den Backen«, die er durchaus haben sollte und so weiter, hatte er aufgepackt und war nach Leoni gegangen. Und dort hatte er, »fortgewurzelt«. Was wissen die Leute davon, wenn man etwas fertig haben will Da muß man's halt in Gottesnamen machen; er hatt' es auch der Strohmeier zum Abschied noch gegeben. »Bin ich denn zu nichts Gescheiterem auf der Welt, als um Ihnen mit rothen Backen eine Freude zu machen? Da würd' ich mir leid thun.« Aber nun, seit Tonis Ankunft bevorstand, war all die Kümmerei und »Grantigkeit« verflogen. Im allerersten Augenblicke, ja, da hatte er freilich gedacht, schade, daß sie nicht vierzehn Tage später kommen, da wär' ich fertig gewesen Aber jetzt fand er das unerträglich pedantisch und wunderte sich selbst über diesen Tropfen Tinte in seinem sonst gesundem Blut. Arbeiten, leben – – nein, es ist doch zweierlei, was auch die großen Moralisten und Arbeitsapostel sagen mögen, – eins stört das andre – und das Schönste, das Schönste ist Muße Hat man keine, so nimmt man sich eine, – man ist doch glücklicher Weise weder Fabrikler noch Börsenmann, sondern freier akademischer Bürger der internationalen Gelehrtenrepublik, der weltumspannenden glücklichen Minorität, Unsterblichkeitsanwärter, Vollkommenheitsanbahner der Menschheit, Hebel der Zivilisation und vor allem Unternehmer, Unternehmer in eigener Person Wer lacht da in dem verwachsenen Unterholz? Ach so, da spukt wohl der »unbestechliche Martinez«, der behauptet, unsere Laboratorien und psychophysiologischen Versuchstationen seien auch nur kapitalistische Unternehmungen? Für die Assistenten die Mühe, für den leitenden Professoren der Ruhm Nun wissen Sie, mein Bester, für unsern Chemiker mag das mit Fug gesagt sein, und es ist sogar nicht der Ruhm allein, den er sich vorbehält, 's sind auch die blanken Goldstücke, die ihm der Fabrikant für die technisch verwerthbare Entdeckung zahlt, die sein Praktikant gemacht hat, – aber bei uns – nein, wie kommen Sie darauf, Martinez so mag's wohl bei Ihren Tschechen zugehen, aber an unsern Anstalten – –

Es fiel ihm ordentlich aufs Herz, daß er dem Martinez nicht kräftiger entgegengetreten war; in der frohen Spannung war es ihm so wehrhaft, so kampflustig zu Sinn, verächtlich kam es ihm vor, daß er auch schon die bequeme Wendung angenommen hatte. »Aber, Freund, wozu sich aufregen, wenn man zum voraus weiß, daß man nicht übereinkommt?« Im letzten halben Jahre hatte er's oft gesagt, und es war verteufelt mattherzig und grau Sich aufregen? und warum nicht? Nur so lebt man, fühlt sich leben, fühlt es klopfen und stürmen, und daß man noch nicht alt ist, trotz der Stubenfarbe auf den hohen Backenknochen und den Löchern darunter. Was so ein kleines Mädchen alles machen kann Und da hocken sie jetzt zusammen und wollen noch mehr, wollen Theil an unsrer Arbeit, die uns vor der Zeit dörrt oder versteinert oder in lauter nervöse Fetzen zerreißt, wollen das Recht haben, uns zu Gemeinderäthen oder Steuereinnehmern zu wählen, und besitzen dabei seit uralten Zeiten die Kraft, uns zu Königen zu machen, wenn sie uns lieben; und sehen nicht ein, daß das mehr ist Ein Glück, daß die Toni meine Braut ist, meine süße, mädchenhafte, dummliche, schlichte Toni, die nicht einen Schritt aus dem ihr natürlichen Lebenskreis gemacht hat Das ist's, was ich brauche. Wenn mich die Sonja nicht abgewiesen hätte, Gott weiß, wie mir's gegangen wäre: eine russische Studentin, und ich Übrigens eine dumme Ausrede von ihr: »ich heirathe keinen Deutschen«, – wenn sie mich geliebt hätte – – Aber es war nichts, und dann, wie ich das unglaubliche Kollegienheft fand, da war auch ich kuriert. – Ach, meine Toni, meine süße Taube, was für ein Glück, daß du nicht Tintenflecke an den Pfötchen hast, wie die dumme, großäugige, breitnasige Sonja, die mich nicht gewollt hat Und war doch sonst ein gutes Frauenzimmer. Auch intelligent, obwohl das Kollegienheft dagegen sprach. Aber zum Teufel auch, sie haben keinen Duft, sie haben keinen Schmelz Küchenkräuter oder offizinelle Pflanzen sind sie, aber keine Blumen. Buben in Unterröcken Sie kennen alles, was wir kennen, wissen von allem, was wir wissen, – man kann sie nicht verblüffen, erschrecken, nicht einmal erröthen machen. Das Kontrastvergnügen geht völlig in die Brüche. Die Noth der Zeit mag's entschuldigen, aber geschmackvoll ist's nicht, die Menschheit so zu uniformiren

Wieder preßte und streichelte er das Beutelchen in seiner Tasche, als wär's etwas Lebendiges. Er entsann sich der Worte, die er an Toni gerichtet: »Studieren Sie auch, mein Fräulein?« und ihres erschrockenen »O nein« Es war ordentlich, als hätte er ihr etwas zugetraut, das nicht »ladylike« ist. Und es war auch eine alberne Frage an ein junges Mädchen in feschem Touristenkostüm, wenn man ihm zum erstenmal auf dem Ütliberg begegnet, und wenn dieser Ütli auch zehnmal oberhalb Zürichs und seiner gepriesenen Hochschule liegt. Aber seine Phantasie war damals so angefüllt mit Studentinnen, kurzgeschnittenen und langhaarigen, daß er jedes junge flottgeschürzte weibliche Wesen für eine von der Zunft nahm. Natürlich, als dann die Mama auftauchte und der ganze Hofstaat der Verwandten, war's ihm klar, daß er sich mit seiner Frage blamirt hatte. Und schlimmer als das, diese Frage hatte ihm das reizende Geschöpf mit dem langen geschmeidigen Hälschen kopfscheu gemacht; es bewegte sich hurtig von ihm weg, antwortete kurz und befangen, lauter »ja« und »nein« und »o gewiß« und »selbstverständlich« und blickte ihn nur zuweilen mit zusammengezogenen Brauen trotzig, herausfordernd an, – o der süße, dumme Backfisch Toni Toni und immer Toni.

Wie sie ihn heut Abend wieder verjüngt, verzaubert hatte Es war doch sonst nicht seine Art, so ins Blaue hinein vorwärts zu marschieren, einfach der Nase nach, ohne eine Hand vor Augen zu sehen, wie ein verliebter Auerhahn. Die Gelegenheit, sich zu orientieren, war ungünstig, kein Frage. War das überhaupt, was er unter den Füßen hatte?

Mechanisch hatte er zusammentretende Zweige beiseite geschoben, war über Wurzeln und Gestrüpp gestiegen und den Felsbrocken ausgewichen, mit jenem Instinkt, den er längst bei seinen Bergwanderungen an sich ausgebildet hatte, und der wie ein sicher funktionierender Apparat ihm immer zur Hand war. Wenn es nur nicht so dunkel gewesen wäre Jetzt, wo er begann, auf die Umgebung zu achten, ward ihm diese Unsichtigkeit lästig, er fühlte sich wie in einem Käfig, dessen Wände zwar vor seinen tastenden Händen zurückwichen, aber nur, um sich eine Spanne weiter von neuem um ihn herum aufzubauen. Das schöne Wetterlicht, das von Zeit zu Zeit den Wald erhellt hatte, war erloschen, kein Hauch ging durch die Bäume, der Auskunft gegeben hätte über eine Lichtung oder offenes Land – eng und schwül brütete es zwischen den nah aneinandergedrängten Stämmen – , das Wachszünderchen zeigte ihm nichts als Bäume, Bäume, dazu einen jäh abwärts führenden, schmalen, holperigen Holzweg, den er nun schon lange verfolgt haben mußte.

Er ließ einen Jauchzer los, vielleicht, daß von irgendwoher eine Antwort käme, denn ihm siegen nun doch Zweifel auf, ob er nicht etwa in der Unachtsamkeit die Richtung verändert habe. Sein Ruf verhallte, ebenso noch eine Reihe von Jodlern, die er kräftig im Abwärtsschreiten hinausstieß. Dann kam plötzlich ein vertrauter Ton, weit aus der Ferne noch, aber so verständlich wie eine Menschstimme: das Bellen eines großen Hundes. Sie antworteten sich eine Weile, ganz wie zwei Wanderer, die sich aus der Ferne zurufen.

»Wo bist du«

»Hier«

»Rechts?«

»Hier«

»Links?«

»Hier«

»Ist da ein Gehöft?«

»Hier«

Das arme Thier konnte doch nur ziemlich einsilbige Auskunft ertheilen, und als sie sich endlich ganz nahe waren und das Bellen in ein Knurren der Vorsicht und des Abwartens überging, befand sich Hausdörffer vor einer Gartenthür, hinter der aber kein Haus, sondern nur eine Waldwiese mit wiederkäuenden, glockenklingelnden Kühen lag. Immerhin war das eine Andeutung, daß hier ein Dorf, ein Weiler folgen konnte, aber kein Hirt war zu errufen. Der Hund war der einzige Hüter.

Er stellte sich auf das »Überstiegel« neben dem hohen Thor, der Hund war von der anderen Seite heraufgesprungen, daß sein keuchender Athem gegen ihn strömte, zwei helle Punkte aus dem dunklen Gesicht ihn anflimmerten. Ein paar sanfte Worte, eine beruhigend auf den lockigen Kopf gelegte Hand besänftigten das verständige Thier. Es hatte schnell erschnuppert, daß der Eindringling keine von den Kühen zu stehlen gedenke, die sich alle hinter ihm an das Gitter gedrängt hatten. Er gab ihm sogar das Geleit bis zum Ende des Weideplatzes und hielt ihm mit Bellen und Umspringen den Weg offen; die Kühe trotteten bimmelnd und mit aufgeregtem Schnaufen hinterher. Beim Abschied sprang der Hund mit kurzem Winseln an ihm hinauf und ließ sich streicheln.

»Gelt, du bist noch jung im Hüterberuf und möchtest lieber einen Menschen zum Reden, als das dumme Kuhvolk.« Der Hund schien ihm seufzend recht zu geben; er winselte ihm noch eine Weile nach, als ob er ihn gern begleitet hätte. Ein Gefühl der Einsamkeit und Enttäuschung beschlich den Wanderer; der Wald begann von neuem, und kein Haus ließ sich blicken. Dagegen gab es jetzt ein Wasserrauschen, dicht vor ihm und zu den Seiten, ein kräftiges stilles Dahinfließen – das war kein seichter Bach – , in dieser Hochsommerzeit mochte auch all das kleine Wassergeäder ausgetrocknet sein. Was für einem Fluß konnte er hier begegnen?

Seine Geographie ließ ihn im Stich. Es ging steil in eine Schlucht hinab, ein Blitzzucken zeigte ihm einen Thalgrund, Wiesen mit Baumgruppen, aber keinen Wasserspiegel. Und doch rauschte es, und lauter und näher. Er fühlte nachgiebigen und moorigen Boden unter den Stiefel, einen feuchten Hauch und den Duft von Heu und Wasserminze. Dann fand er eine Art Damm, die Bäume traten zurück, und er stand zwischen zwei Weihern, einer größer als der andre; sen Strichholz beleuchtete nur eine kleine, dunkle Fläche; aber eben zerriß eine messerscharfe blaue Linie den dunklen Himmel, und er übersah die tief ringsum herabhängenden Weiden, einen halb mit Wasser gefüllten Kahn und, weiter fort in der Mitte des großen Weihers ein geisterhaft weißes unerkennbares Etwas, das über dem schwarzen Grund zu schweben schien.

Zurück? oder vorwärts?

Die Möglichkeit, sich vollends zu verirren und im Walde den Morgen erwarten zu müssen, machte ihn zaudern. Und das Rauschen kam nicht von den Teichen, die lagen träg und schläfrig.

Der Morgen wird kommen, und Toni wird ihn vergebens erwarten, – wer hat denn auch denken können, daß es solch eine Finsterniß geben würde? Bei all seinen Bergtouren war ihm nicht so etwas begegnet. Man durfte es ja nicht einmal sagen, denn es war lächerlich. Und einer Braut gegenüber, die so viel jünger ist, darf man doch nicht lächerlich erscheinen. Le ridicule tue, tötet vor allem die Überzeugung der Frau von der unbedingten Überlegenheit des Mannes. Früher – ja, da legte er kein Gewicht auf diese Überlegenheit. Sonst wäre er mit Sonja überhaupt nicht soweit gekommen, wohl nicht einmal recht bekannt geworden. Aber wer weiß – vielleicht war gerade dies die Klippe. »Ich heirathe keinen Deutschen« – wenn sie mehr Respekt vor ihm gehabt hätte, hätte sie sich vielleicht nicht so unumwunden, nicht so beleidigend deutlich ausgedrückt.

Bei Toni wollte er mehr auf der Hut sein, wollte nicht allzu kameradschaftlich mit ihr werden. Dankbar und erleichtert gedachte er von neuem ihrer erschrockenen Antwort: »O nein« als er sie nach etwaigem Studium fragte. Das liebe Kind Hier wäre es jedenfalls leichter, sich im Respekt zu halten. Aber freilich, vor Dummheiten hat man sich auch bei ihr zu hüten, – die Mama hat jedenfalls einen mokanten Zug in ihrem noch immer schönen Gesicht, und so etwas erbt weiter. Was sie mir am wenigsten durchgehen ließe, die Mama, ist all das, was an Überschwenglichkeit streift. Nein – wenn es in den Sternen geschrieben stand, daß er hier in diesem fettigen Morast bis zum Morgen herumtappen sollte, wenigstens würde er sein komisches Mißgeschick für sich behalten, das war nun beschlossene Sache. Vorsichtig tastet er weiter, das Rauschen kommt näher, – er wird im Augenblick an irgend einem Flußufer stehen und dort jedenfalls Halt machen müssen, bis ihm der schwarze Himmel wieder solch ein kurzes, aber mächtig erhellendes Phosphorlicht sendet.

Da tritt sein Fuß auf etwas Festes, er fühlt Steine unter der Sohle, sicher schreitet er aus, und unter ihm wühlt und plätschert das Wasser, während er es auf der Brücke überkreuzt.

»Das haben wir einmal gut gefingert Wenn man nur jetzt wüßte, was für ein Fluß oder Bach das hier ist.« So geschwätzig die Wellen strömen, sie plaudern nichts aus, auch über das sehr solide Etwas da plötzlich vor ihm, an das er mit dem Hutrand gestreift hat, das er nun mit vorgestreckten Händen abfühlt, haben sie ihm nichts verrathen. Jetzt wird's gefährlich. Er lacht sich selber aus. Wie in einem Kindermärchen läuft er herum, ohne Wehr und Waffe, im wilden schwarzen Wald, oder ist das ein Haus, ein Hütte, was er da mit Stirn und Händen gefunden hat? Es scheint so, aber Fenster hat's nicht, ist ganz klein und von Holz, soweit er fühlen kann. Jetzt fehlen nur noch die Räuber, dann ist's vollständig.

Wie geschickt das übrigens wäre Ein Räuber ist doch wenigstens ein Mensch und würde ihm sagen können, was für ein Fluß das hier ist. Das Weitere würde sich dann schon finden. Aber alles stumm und dunkel, und das Hüttchen, – wenn es eine Thür hat, so ist sie verschlossen, und es heißt weiter stapfen. Es steigt jetzt wieder unter seinen Füßen, und was kann er thun? Er steigt mit, eine ziemliche Strecke. Und dann steht es plötzlich wieder wie eine Wand vor ihm, und seine Hände greifen in stachliges Nadelgebüsch. Ein neuer Waldrand? Eines jener eng bestandenen Stangenholzreverie, in denen es schon bei Tage schwer ist, ohne Anstoß vorwärts zu kommen?

Zweifelnde Schritte macht er daran hin, und plötzlich leuchtet es ihm wie ein röthlicher Stern in die Augen: Ein Licht hinter der Wand, die nun keine Wand und kein Wald mehr ist, sondern eine hohe, weit über Manneshöhe hinauf ragende Fichtenhecke mit einer

Lücke darin, die ihm das freundliche Licht gezeigt hat. Woher es kommt, ist noch nicht zu unterscheiden, aber genug, daß es da ist. Was für ein Geschenk es doch ist für die Menschheit, das Licht Tag und Nacht, der Unterschied hat aufgehört seitdem. Für uns alte Menschenkinder ist nur alles alltäglich geworden, da ist dann solch ein einfaches Erlebniß wie eine Offenbarung, ein Zurückversetzen in die Zeit und Stimmung der Alten, die eigentlich die Jungen waren und das Licht anbeteten als Himmelsfunken.

Das Reflektiren läßt ihn heut Abend keinen Augenblick in Ruh, aber jetzt ist's thatsächlich nachgerufen durch die wohlige Empfindung, die sich vom Auge aus über alle Nerven verbreitet. Und dort kommt eine noch größere Lücke, da sieht er das Fenster, aus dem der Schein fällt, davor Bäume und Büsche wie Coulissen; es muß ein Park, ein Baumgut drinnen sein. Mit einem kräftigen Griff packt er die Fichtenstämme rechts und links, biegt sie auseinander, ohne der Risse zu achten, die seine Haut schrammen, fühlt, wie ihm der Hut vom Kopfe gestreift wird, läßt ihn vorläufig im Stich und findet sich, froh wie ein Bub, hindurch gezwängt, im Bereich des Lichtfensters, geschieden von der ungastlichen, trostlosen Finsterniß. Und sogar der Hut ist nicht verloren gegangen, er hängt eingeklemmt zwischen den oberen Zweigen. Fest drückt er ihn in den Nacken und macht die letzten Schritte fast springend über den rothen, holprigen, phantastich beleuchteten Waldboden, – wie geisterhaft das Grün leuchtet, wie lieblich der ganze Anblick ist Wie Hänsels und Gretels zuckeriges Häusel steht es gelbroth und klein unter den großen Bäumen, ein niederes Holzhaus mit rundumlaufender geschnitzter Altane und äußerer Treppe im Berner Styl. Vier Fenster im Erdgeschoß, eines nach jeder Seite, und aus allen fällt Licht; aus dem nur lose angelehnten Thürchen klemmt sich ein schmaler heller Streifen über die rothe Sandsteinschwelle mit den drei ausgetretenen Stufen. Da darf man anklopfen, da sieht's heimelig aus. Während er an die Thür pocht, blickt er zugleich durchs Fenster, es geht fast nicht anders, es ist Alles so niedrig und so zugänglich wie ein offenes lächelndes Menschengesicht; kurze, durchsichtige Vorhänge vor den kleinen Scheiben, Blumenkränze am Fensterkreuz, in der Mitte ein runder gedeckter Tisch, Stühle umher, wie flüchtig beiseite geschoben, in einer Ecke ein Spinnrad, in der anderen eine Staffelei, darauf ein umgedrehtes Bild, alles rosig überhaucht von dem zarten Lampenschleierlicht. Und an der Hausthür, vor der er steht, ein großer trockener Kranz mit der Inschrift: Willkommen Er hat Muße, sich alle Einzelheiten genau anzusehen, denn wie er auch klopft und ruft, – nichts regt sich. Nun prüft er endlich die Klinke, und wie es aussah, so ist's auch – die Thür gibt gleich nach, und er steht auf einem schmalen halbhellen Gang; durch die offene Stubenthür sieht er gleich ins Innerste des Zimmers.

Er klopft, ruft, zaudert – tritt endlich in die Stube. Man kann ja sitzen, warten, der Besitzer wird nicht weit sein, und endlich braucht man doch Auskunft. So sitzt er am Tisch, den Hut auf den Knieen, starrt die Blumenkränze an, von denen ein süßlich aromatischer Heugeruch ausgeht, den altmodischen Regulator, der wahrhaftig schon auf elf zeigt, endlich die zierlichen Brotscheiben im chinesischen Bastkörbchen, den angeschittenen Schinken auf hölzernem Brett, die flachen braunen Landjäger, von denen einer in Stücke zertheilt ist – so ein Landjäger sieht doch aus, als ob er auf Bäumen wachsen müßte, eine Art gesalzenes Johannisbrod Und plötzlich bekommt er solch eine Lust, den Landjäger da zu probiren. Es ist mehr eigentlich, es ist ein herzhafter Appetit, dessen er sich bewußt wird, und fast ohne es zu wollen, hat er die Hand nach einem Scheiben Wurst, nach einer Brodschnitte ausgestreckt und ist ordentlich überrascht, daß es sich greifen und in den Mund schieben läßt und sogar sehr gut schmeckt, so gut, daß er noch weiter zugreift, halb im Traum.

Wenn nur auch etwas zu trinken da wäre Aber die Theekanne zwischen den zurückgeschobenen Gedecken fühlt sich kalt an, und das Restchen, das er sich daraus in seinen Reisebecher gießt, ist dunkelbraun und schmeckt nach Gerbsäure. Sie müssen also doch schon ziemlich lange fort sein, – er nimmt die Karte vom

Starnberger See und Umgebung aus der Brusttasche, entfaltet sie auf der leeren Hälfte des Tisches und versieht sich zu orientiren.

Mühlthal? sollte dies Mühlthal sein? Und der Fluß wäre die Würm? Freilich, freilich, daß einem so etwas völlig entschwinden kann Wenn ich hier diesen Weg gekommen bin und dann – dort – –

Das durchdringende amtseifrige Gebell eines kleinen Hundes unterbricht seine Betrachtung, und da steht er auch schon auf der Schwelle, ein winziges schwarzes Pinscherchen, zitternd vor Aufregung und Entrüstung, und hinter dem Thierchen in der offenen Thür – er hat keine Schritte gehört – erschien eine Dame, die gleich dem Hündchen stutzt und zaudert und ihn aus dunklen Augen verwundert anstarrt.

Hausdörffer ist aufgesprungen und steht, die Karte in der Hand, ohne Hut, neben seinem Stuhl.

»Halten Sie mich für keinen – ich bin Privatdozent aus München, auf einer Fußwanderung und habe mich verlaufen – –« Er sprach das hastig und mit abbittendem Blick in das Bellen des Hündchens hinein, das ihn herausfordernd umsprang und vor Zorn keuchte.

Die Dame, die einen breiten Florentiner Strohhut etwas verschoben auf dem Kopf trug, kam einige Schritte vorwärts, ohne das brennende Laternchen aus der Hand zu setzen. Sie ließ, indem sie es hob, den Schein voll in das fremde Gesicht fallen und beäugelte es mit kaum merklich zusammengezogenen Brauen:

»Aber Rolz was für Spektakel schäme dich, Rolz, komm her« murmelte sie während dieser Besichtigung dem Hündchen zu, das sein Lärmen und Zappeln übrigens keinen Augenblick unterbrach.

»Wenn ich Ihnen meine Karte geben darf, gnädige Frau? – ich fürchte, Sie halten mich immer noch für einen reisenden Handwerksburschen,« sagte Hausdörffer verwirrt.

Die Dame nahm die Karte, während sie endlich ihre Leuchte auf den Tisch stellte. Mit der linken Hand griff sie halb mechanisch nach dem Pinscher, faßte ihn am langen Nackenbehang und setzte ihn sich auf den Arm, doch bellte er auch noch von dieser Stelle auf den Gast ein. Hausdörffer sah, daß die feingliedrige Hand mit den schmalen Fingern leicht zitterte, als sie die Karte hielt.

»Ich fürchte, ich habe Sie sehr erschreckt; vielleicht haben Sie nur die Güte, mir ein andres Haus zu bezeichnen, wo ich mich nach dem Wege erkundigen könnte –« er suchte mit den Augen nach seinem Hut.

Die Dame hob den Kopf: »Bitte, nehmen Sie Platz, ich war nur so im ersten Augenblick – war denn die Thür offen? Ich hatte doch Gretel gefragt – –«

»Ja offen. Nein, wissen Sie, gnädige Frau, die Gretel ist unzuverlässig.«

Sie blickte ihn von der Seite an, als wollte sie sagen: was wissen Sie denn davon? Dann nahm sie den Hut herunter, fuhr sich flüchtig über die »klassische Frisur«, wie Hausdörffer diese einfach gescheitelte, halb die Ohren versteckende Haartracht mit dem Knoten tief im Nacken bei sich genannt hatte, und erzählte, im Zimmer auf und ab gehend, daß die Gretel entschieden krank sei und nothwendig morgen zum Arzt müsse, daher habe sie das arme Ding noch schnell ins Coupé gesetzt und einer Freundin in München telegraphirt, daß sie das Mädchen abholen lassen möchte.

Sie schien von dieser plötzlichen Erkrankung stark in Anspruch genommen, und Hausdörffer, den die Erzählung weit weniger interessant dünkte als die Erzählerin, stand, die Arme aufgestützt, hinter einem kattungepolsterten Stuhl und betrachtete das scharfe, feine, blasse Gesicht mit den starken, geschwungenen Brauen und dem kleinen dunklen Schatten über der schmalen Oberlippe. Schön nicht, aber ein Rassekopf; nur die klare, eingerahmte Stirn und die stillen schwarzen Augen waren schön zu nennen. Die unmerklich vorstehende Unterlippe dagegen und die etwas zu breiten Schultern – – wenn dieser energische Kopf auf einem höheren Halse säße, die ganze Gestalt gereckt wäre – – und plötzlich fiel es ihm ein, daß er diesen Eindruck schon einmal empfangen haben müßte, und zwar von dem gleichen Kopfe, und blitzschnell war auch die Combination fertig.

»Ich habe Ihr Selbstporträt in der Diesjährigen gesehen, nicht wahr?« fuhr es ihm heraus.

Die Dame unterbrach ihr Umherlaufen im Zimmer und ihren Bericht. »So, haben Sie es gesehen.« Eine Anfrage lag nicht in dem Ton, eher eine fertige, etwas pessimistische Überzeugung.

»Aber geschmeichelt haben Sie sich nicht, gnädige Frau«

Sie lächelte mit krausen Brauen: »Ich hoffe, nicht« Plötzlich lachte sie gerade heraus: »Oder sollte das ein Kompliment sein?«

»Sie waren unter den Secessionisten, gnädige Frau, ich werde doch nicht so geschmacklos sein – –«

»Ja, Namen haben wir schon mehr als genug, wenn damit etwas gethan wäre« fuhr sie lebhaft fort, »aber es ist doch eine anregende fruchtbare Zeit, wenn man nur nicht den beständigen 'Moralischen' hätte.« Der Seufzer klang sehr echt.

Hausdörffer machte verwunderte Augen. »Kennen Sie das Gewächs auch? Ich dachte, eine Künstlerin, und noch dazu eine von den modernen, die wäre so felsenfest auf ihrem Wege, so sicher in ihrem Schaffen – –«

»Das ist doch nun der blanke Hohn,« sagte sie ruhig, »aber ich habe wenig Vergnügen am Sarkasmus. Ich möchte etwas Tüchtiges machen, das Übrige ist mir alles gleichgültig, vor Allem das Urtheil der Herren Gelehrten, die ja wohl wieder mal bewiesen haben, daß die Frauen eine untergeordnete Spezies sind. Lombroso, nicht? Ich habe so etwas klingen hören, na«

Sie betonte das »na« und befühlte dabei die Theekanne.

»Ich kann Ihnen eine Tasse Thee machen, wenn Sie auch so durstig sind wie ich; mir mach' ich eine.«

Hausdörffer verbeugte sich: »O gnädige Frau, ich habe tausend mal um Entschuldigung zu bitten, ich habe Ihnen ein paar Stück Brod und einige Scheiben Wurst entwendet.«

Sie stutzte ein bißchen und blickte wie unwillkürlich auf den Tisch. Dann begann sie zu lachen: »Das war recht, das war gescheit, Sie schienen ein vernünftiger Mensch zu sein.«

»Also stehlen heißt Ihnen vernünftig handeln?« lachte Hausdörffer, »Sie machen einem armen Spitzbuben das Leben leicht. Die That zig übrigens die Strafe auf dem Fuße nach, – der Landjäger war zäh wie eine alte Darmsaite.«

Jetzt erröthete sie langsam. »Wenn Sie lieber den Schinken gegessen hätten, Landjäger, das ist Specialität, dazu gehört – –«

»Ihre Specialität, gnädige Frau?«

»Gretels, sie ist aus dem Appenzell, – bedienen Sie sich bitte.«

Der Ardentherd auf dem Servirtisch ward entzündet und brummte aufdringlich in dem niedern Raum, Hausdörffer fühlte eine sonderbare Neigung zum Sitzenbleiben, obgleich er sich keiner Müdigkeit bewußt war. Die Malerin kam ihm wie eine längst bekannte Person vor, ihre Freiheit und Sicherheit war ihm aber doch in solcher Kombination noch nicht vorgekommen. Er hatte erfahren, daß die nächste Bahnstation Gauting hieß, und daß er nur noch etwa drei Wegstunden bis München hatte; es war später Mondschein zu erwarten, die kleine Verzögerung konnte also nur nützlich sein. Der Thee war gut, und das Gespräch interessirte ihn. Er hatte den Rahmen auf der Staffelei umgedreht, über die markig und kantig entworfene Porträtskizze eines Mannes, die erst in Kohle angelegt war, einige anerkennende Worte gesagt.

»Es sieht alles so ehrlich aus, was Sie machen, keine Schönfärberei, aber auch keine Schmutzfärberei, nichts auf den Effekt,« rühmte er.

Die Malerin blickte ihn forschend an. »Ja, ich bin bieder,« seufzte sie und riß plötzlich den Rahmen von der Staffelei, um ihn hart aufstoßend in die Zimmerecke zu werfen. »Das Wort verfolgt mich seit meinen ersten Strichen, es klebt mir an, jeder Neue sagt mir dasselbe. Bieder – das heißt talentlos, phantasielos, platt, unkünstlerisch Und mein Geschmack wäre das Skurrile, Ausgefallene, Tolle, Wilde das wäre mein Geschmack.«

»Also lieber verblüffen, als gefallen,« fiel Hausdörffer sarkastisch ein.

»Lieber Gott, warum soll ich denn dabei immer ans Publikum gedacht haben?« rief sie trotzig. »Muß man einem denn fortwährend Gedanken unterschieben? dürfen wir nicht einmal etwas uns zur Genüge thun, uns selbst?«

»Nun, wenn wir auf die Motive blicken –« begann er.

»So, jetzt halt' ich mir aber die Ohren zu.« Sie machte eine entsprechende Gebärde. »Sind Sie auch so ein Motivenschnüffler und Witterer? Wissen Sie, daß das langweilig wird, Ihre Maschinentheorie vom Menschen? Wenn es etwa einer wäre, der das sagte, gut – hab' deine Meinung, – aber ich höre das nun schon seit Jahren, die reinste Kleinkinderschule, jedes sagt denselben Vers her, nur daß die Betonung etwa wechselt bah«

»Ja Originalmenschen, wo finden Sie die«

Hausdörffers Ton war etwas kleinlaut. Sie fuhr mir einer gewissen Heftigkeit fort: »Schulen, Schulen, nichts als Schulen Cliquen, nichts als Cliquen Wie langweilig das ist und am spaßhaftesten, wenn sie, – nein verzeihen Sie, ich redete niemand an, – sich dann auch noch die großen freien selbstständigen Geister einfangen wollen, um sie, nominell wenigstens, ihre Schulmeister, Präsidenten, Cliquenobersten zu nennen Böcklin als Vereinsmitglied Gottfried Keller als Vereinsmitglied Kerle von einer Saftfülle, von einem Phantasieüberschwang, von einer goldenen Lebensfreude – ganz Sonne, ganz Gluth Sie haben nicht mehr Schuld an den Thaten derer, die sich Arm in Arm mit ihnen präsentiren möchten, als der liebe Gott«

Damit sprang sie vom Tische auf und schob die Tasse zurück, daß sie klirrte. Das Hündchen schien das für ein Zeichen zu nehmen, daß nun das Parlamentiren zu Ende sei und der Kampf beginne. Es stieß ein jauchzendes Kriegsgeschrei aus und stürzte auf Hausdörffers vorgestrecktes Bein los, um nach Kräften daran zu zerren.

»Wie Sie sich aufregen« sagte der junge Mann mit verwundertem Kopfschütteln. »Sie nehmen alles mit dem Gefühl, die Damen, sogar die Kunstgeschichte.«

»Und Sie ereifern sich niemals?«

»Ich ereifere mich niemals.«

»Ha,« machte sie nach kurzer Überlegung, »glauben Sie, daß das sehr imposant ist?«

»Aber wir sind einmal so, gnädige Frau.«

»Ich bin keine gnädige Frau, ich bin unverheirathet, und ich sage übrigens niemals 'wir', ich sage immer ich. Wir wir dies Generalisiren Wollen Sie noch Thee? Es macht mich so wüthend«

Hausdörffer setzte sich in Positur.

»Ich habe nicht den Ehrgeiz, mich für eine ganz funkelnagelneue Schöpfung anzusehen, wie Sie, gnädiges Fräulein. Ich bin mit den hunderttausend andern meines Standes und Berufs Produkt eben dieser gleichartigen Bildungs- und Anschauungssphäre, ich bin Naturwissenschaftler, Anhänger der Evolutionstheorie – –«

»Aber daneben doch ein Mensch?«

Er machte eine Bewegung, als ob er eine Fliege verscheuche, die ihm um die Nase summte. »In erster Linie und wohl auch in letzter Gattungsgeschöpf,« schloß er emphatisch. Als er merkte, daß sie verstummt war, kam ein befriedigtes Lächeln in sein Gesicht. »Ja, ja, wir müssen unseren Stolz dahin fahren lassen, mein Fräulein, und wenn Sie mich auch noch so zornig anblicken aus Ihren schwarzen Augen. Der Einzelne hat heut keine andre Bedeutung, als in der Masse aufzugehen. Wir sind nur Durchgangspunkte. Unsere Wissenschaft macht sehr bescheiden.«

Sie schüttelte ernst den Kopf. »Mich nicht; mich interessirt nur das Individuum, nur der Einzelfall uns, ob es ein Bild gibt, ein Höheres, Bleibendes nach der flüchtigen sterblichen Erscheinung. Massenindividualitäten – dabei kann ich mir nichts denken. Es müssen doch immer einzelne Köpfe hervorragen, auf die das Licht fällt. Und diese bestimmen die Physiognomie des Haufens, nicht der Haufe ist's, der sie ihnen gibt –«

»Sie leugnen den Einfluß des Willens, des Zeit-, Orts-, Berufs-, Bildungsmilieus, das den Menschen macht?« rief er bestürzt, fast mitleidig, als ob er sie auf einer falschen Kasusbildung ertappt hätte.

»Für die Ausnahmsmenschen ja, – fürs Gros mag's natürlich gelten.« Sie waf ein wenig den Kopf in den Nacken und richtete sich auf.

»Ich bin kein Ausnahmegeschöpf, ich bin vom Gros, gut und gern,« sagte er, während seine Stirn sich röthete, »ich bin ein einfacher Arbeiter. Ich mache keine Ansprüche, dem Wissenschaftler ist diese Vorstellung fremd. Sein weiterer Blick läßt ihn auch seine Stellung klar übersehen. Sie stehen auf dem ästhetischen Standpunkt, Ihr Gesichtswinkel ist der des Künstlers. Ich kann nicht umhin, Ihnen mitzutheilen, daß die Tage dieser einst bevorzugten Kaste gezählt sind. Sie entsprechen einer niederen Kulturstufe und werden dahin gehen wie so viele andre schöne und bestechende Erscheinungen.«

Die Malerin forschte in seinem Gesicht; als noch immer kein Muskel zuckte, schlug sie in die Hände und brach in ein herzliches Gelächter aus.

Sie vernahm dazwischen sein wiederholtes: »Ja, ja,« das sie immer von neuem reizte; endlich fand sie Worte: »Und das freut Sie? O Sie bescheidener Jünger der bescheidenen Wissenschaft.«

Er zuckte die Achseln und sah etwas säuerlich drein. »Es freut mich ganz und gar nicht, aber wir werden den Gang der Entwicklung nicht ändern.«

»Aber wir vielleicht« warf sie mit aufblitzenden Augen ein.

»Wir ich verstehe nicht – –« machte er höflich. »Wer wir?«

»Wir Frauen.«

»Ah.« Sie maßen sich eine Weile, sein anfangs geringschätziger Blick wurde ernst, dann unsicher. »Glauben Sie das im vollen Ernst?«

Eine so achtungsvolle Manier mit der ganz seinen Nuance der Autorität, wie sie etwa der Arzt dem Patienten gegenüber hat Die Malerin machte kein Hehl aus ihrer Erregung, sie fächelte sich mit der gefalteten Serviette und trank hastig ihren Thee aus.

»Wir werden uns die Schönheit nicht nehmen lassen, wir werden nicht dulde, daß Sie uns die Welt grau und kalt machen. Und übrigens – Sie könnten's ja nicht, wenn Sie auch wollten Es ist ja alles so schön, so unendlich reich, so überquellend herrlich Die Sonne, unsre liebe schöne alte Sonne Ist ja eigentlich genug für einen Menschen, daß er die hat Und den Frühling, bedenken Sie doch Und die Menschengesichter, haben Sie schone mal darüber nachgedacht? Da sind immer nur zwei Augen, Nase, Mund, Wangen, Stirn, Haaransatz – und dazu diese Mannigfaltigkeit des Ganzen Keine Künstler mehr? Sollen die Menschen der Zukunft taub und blind werden? Was nie versagt, soll versagen? Ach nein, das glauben Sie ja selber nicht, sonst müßten Sie trüb und gebückt und mit Kassandrablicken und Furchtfalten auf der Stirn daherkommen, statt so«

Sie ahmte alles nach, was sie sagte, und war mit dem Ausdruck der Ahnung vor kommendem Schrecknis wie eine Statue der Angst anzustehen.

In Hausdörffers Gesicht stand eine ehrliche Bewunderung. »Mit Ihnen kann man nicht streiten,« lächelte er, »die Waffen sind zu ungleich; Sie haben Gaben zur Verfügung, wo ich nur Worte gebrauchen kann. Wenn es viele Frauen gibt, wie Sie, dann kann vielleicht später einmal eine solche Differenzirung eintreten, daß dem Manne die spezifische Verstandsthätigkeit verbleibt –«

»Dem Manne, der zum Künstler zu klug geworden ist?«

Hausdörffer blinzelte, das Unterbrechen war doch nun wirklich gegen alle parlamentarische Sitte – »und daß die Kunst mehr oder weniger in die Hände der Frauen geräth,« schloß er.

Eine Pause.

»Das müßte Sie doch gewiß befriedigen?«

»Nein,« sagte sie, »gar nicht, dann würden wir einander noch weniger gerecht werden, als jetzt.« Und dann plötzlich: »Menschen gibt es bei Ihnen nicht?«

»Wieso, Menschen, Fräulein?«

»Menschen schlechthin?«

»Männliche und weibliche Menschen, mein Fräulein.«

»Aber nur so Menschen?«

»Nein. – Und verzeihen Sie, daß ich Sie auf eine Inkongruenz aufmerksam mache. Vorhin forderten Sie nur Individualitäten, sagten, daß nur Individuen, nicht Gattungswesen Sie interessirten –«

»Allerdings, und –«

»Wie können Sie vom Individuum den Geschlechtsbegriff trennen? Wenn Sie ein Bild malen, können Sie ein Menschenbild machen?

Mann oder Weib, Kind oder Greis' aber nur Mensch? Das gibt's nicht«

Sie erröthete flüchtig.

»Gibt es doch.«

»Ich wäre neugierig« Er rückte sich zusammen.

»Ich rede nicht von Bildern, aber es gibt doch Dinge, – Empfindungen, allgemein Menschliches, wo das Geschlechtsbewußtsein gar nichts dreinredet.«

»Ich glaube, das Bewußtsein ist immer gefärbt –«

»Und so vergessen Sie in keiner Sekunde, daß Sie ein Mann sind, fühlen sich nie als Mensch?«

»Mann und Mensch bedeutet dasselbe, gnädiges Fräulein.«

»Und Weib und Mensch etwa nicht?«

»Nein, das habe ich nie für gleichbedeutend genommen.«

»Und wenn Sie vom Menschen als Gattungsbegriff sprechen, als Produkt der verschiedensten Einflüsse, wie Sie vorhin sagten, wenn Sie sagen: der Bauer, der Arbeiter, der Gelehrte und so fort, so ist immer nur der Mann gemeint?«

»Allerdings.«

»Und das Weib, was thut das?«

»Es thut nichts Besonderes, mein Fräulein, es geht mit.«

»Nein, es thut mit, mein Herr,« – die Malerin sprang einmal wieder auf und lief umher – »und es thut in den meisten Fällen die sauerste, gleichgültigste, undankbarste, Arbeit, denn man rechnet, man nennt es nicht einmal Sie haben noch nie eine Ziegelträgerin unter ihrer schmutzigen Last zusammenbrechen sehen, aber ich Sie haben noch keine Kellnerin über ihre eigenen müden, wunden Füßen fallen sehen, aber ich Sie haben noch keine Künstlerin, keine Studentin hungern und darben sehen, um sich Farben und Bücher statt Brod zu kaufen, aber ich Sie haben keine Augen für die Menschen, und Ihre Massen können mir gestohlen werden So«

»Aber mir ja auch« Hausdörffer strich sich den Schnurrbart, er verneigte sich leicht. »Gnädiges Fräulein, ich bin vollkommen Ihrer Meinung und konnte nur der Versuchung nicht widerstehen, Sie etwas zu frozzeln, wie sie in Wien sagen. Sie nehmen alles so ernst – das muß einen doch reizen –« Er unterbrach sich, denn das Mädchen, das ihn einen Augenblick verständnißlos angestarrt, stieß plötzlich einen Laut der Empörung aus und erhob den Kopf, wie zu einer heftigen Entgegnung. Doch sagte sie nichts, sondern zerbiß sich die Lippen und wandte ihr zorniges Gesicht weg. »So etwas können Sie doch nachfühlen, nicht wahr?« fuhr er mit einschmeichelnder Schelmerei fort, »oder halten Sie mich für einen solchen Barbaren – ?« Auf einmal sah er in ihrem großen dunkelen Auge einen hellen Tropfen stehen. Es ward ihm schwer, ein triumphierendes Lächeln zu unterdrücken. »Jetzt sind Sie mir aber böse,« sagte er mit weicher, bittender Stimme.

Sie antwortete nichts, sondern machte sich im Zimmer zu schaffen. Rolz kam aus seinem Eckchen hervor und betrachtete ihn von weitem mit mißtrauischem, lauerndem Blick, als ob er gleich knurren wolle. Es ward dem jungen Mann doch unbehaglich. Er griff nach seinem Hut. »Also wenn Sie nur die Güte hätten, mir zu sagen – die Station heißt Gauting?«

»Ja,« erwiderte sie gleichgültig.

»Und wo bin ich hier, bitte?«

»Im Park des Schlosses von dort unten.«

»Ich war gänzlich verirrt, mein gnädiges Fräulein, aber wenn Sie mir die Richtung angeben möchten —«

»Hier durch den Park, dann durchs Dorf, über die Brücke und durch die Felder links hinauf zur Station, es ist eigentlich nur eine Wärterbude.«

»Und wann geht ein Zug?«

»Morgen früh um halb fünf, soviel ich weiß.«

»Ach, das ist aber Und der Fußweg nach München?«

»Über Planegg, weiter weiß ich nichts.«

Rolz fuhr auf einmal laut bellend zur Thür, dann gegen die Wand an, hinter der es raschelte, und darauf begann rechts und links und von oben und allen Seiten ein lautes gleichmäßiges, schweres Prasseln.

»Was ist das?«

»Ein Landregen vermuthlich.«

»O weh« Hausdörffers Gesicht ward lang und länger. Er trat an die Hausthür und kehrte mit Tropfen in den Haaren zurück. »Vielleicht könnte ich im Schloß Unterkunft finden, der Name klingt so vielversprechend, so geräumig.«

Die Malerin zuckte die Achseln.

»Die Baronin hat dort sechs alte Damen zur Sommerfrische, um neun Abends sind alle in den Federn.«

»Abermals o weh Gibt es denn nicht draußen irgend eine geschützte Stelle, wo ich ein paar Stunden schlafen – ich habe Sie schon so lange aufgehalten – nur irgend ein Schuppen, eine Laube –«

Die Malerin zeigte mit dem Finger nach dem breiten Schlafdiwan hinter dem runden Tisch. »Wenn sie damit vorlieb nehmen wollen –«

»O, zu gültig« Er trat hastig zurück, ein lauernder Blick streifte das Mädchen.

»Draußen holen Sie sich ein Krankheit, und es ist ja alles da, was Sie brauchen – wenn Sie das Kopfpolster aufschlagen – nun, Sie kommen schon zurecht.«

»Aber das geht doch nicht,« stammelte er.

Sie fuhr in dem gleichgültigen Ton fort, den sie seit seiner Erklärung angenommen. »Bitte nur die Lampe löschen, ehe Sie einschlafen. Der Hausthürschlüssel bleibt im Schloß. Verzeihen Sie, daß ich Ihnen weiter keine Bequemlichkeiten bieten kann, aber gerade heute – schlafen Sie wohl.«

Sie nahm das Hündchen in den Arm und ging an die Thür.

»Aber Sie?« stotterte der Gelehrte, über und über erröthend.

»Ich wohne oben, wir stören einander nicht im mindesten; gute Nacht.«

»Sie sind von einer rührenden Güte, – erlauben Sie, daß ich Sie in München besuche?« Er streckte ihr die Hand hin, sie berührte aber nur flüchtig seine heißen Fingerspitzen, während sie unmerklich den Kopf neigte.

»Und verzeihen Sie mir all mein loses Geschwätz, ich wollte Sie nur ein bißchen ärgern« rief er ihr offenherzig nach. Dann sah er das gelbe Kleid auf dem Treppchen verschwinden und hörte oben eine Thür öffnen und schließen. Langsam kehrte er in das heiße Zimmer zurück und warf sich aufs Sopha, den Arm unterm Kopf. Um ihn rauschte und klapperte der schwere Regen, dicke Güsse aus der Dachrinne, rings die vielen vielen ausgespannten Baumblätter. Er horchte auf einen Laut von oben, doch bleib es still. Erst später erinnerte er sich der Weisung, die Lampe zu löschen. Doch schlief er auch dann noch nicht, sondern blieb in einer sonderbaren Verfassung zwischen Aufregung und Unlust wach. Seine Bräutigamsstimmung war wie weggeblasen.

Der erste Dämmerschein des Morgens trieb ihn auf. Es regnete nicht mehr, schwarzes und fahlgelbes Gewölk in zerrissenen Streifen stand im Süden und Osten. Wie er aus dem kleinscheibigen Fenster zwischen den Fichten und Eichen über die weichen, zum Bach abfallenden und jenseits wieder aufsteigenden Rasenflächen blickte, erkannte er auch das »Schloß« dort drüben, sein grauer epheuumsponnener Erker war hierher in den Park gerichtet. »Das Beste ist, ich schleiche mich davon, was brauchen die dort mich zu sehen.«

Er sah sich nach einem Schreibgeräth um, riß einen Zettel aus seinem Taschenbuche und schrieb darauf:

»Mein hochverehrtes Fräulein

Ehe Sie erwachen, eile ich davon. Nie habe ich herrlicher geschlafen, als auf ihrem kurzen Sopha, und den Eindruck einer unbeschreiblichen Güte Ihres Wesens nehme ich mit fort. Ich fühlte mich nach Indien oder Arabien oder in eine brasilianische Hazienda versetzt, so wenig war mein Eindringen hier und Ihre Gastfreundschaft im Stil unseres alten Europas.

In Dank und Verehrung

Ihr

Doktor Rich. Hausdörffer.«

Einen Vers, der ihm noch in halber Schlaftrunkenheit ums Ohr gesummt hatte, schrieb er ebenfalls auf, doch getraute er sich nicht, ihn auf den Tisch zu legen. Er befestigte das Blatt mit einer Nadel an dem ersten Fichtenstamm vor der Hausthür und schritt dann träumerisch und noch mehrmals umblickend über die nassen moosigen Matten hinweg; auf dem Kreuz oben auf der Kirchthurmspitze funkelte der erste weinerliche Morgenstrahl. – – –

Frau von Götzendorff hatte ihren asthmatischen Anfall. Pünklich um halb vier jeden Morgen trat dieser Unverschämte an das Lager der würdigen Dame, preßte ihr Kehle und Brustkorb zusammen, hielt ihr die Nase zu, schnitt ihr jede berechtigte Klage kurz vor dem Munde ab und trieb sie, die ihre Ruhe und Bequemlichkeit über alles liebte, mir den Sperlingen aufzustehen, »avec les moineaux et les paysans, savez-vous,« und sich ans Fenster anzuklammern, um nur wieder zu Athem zu kommen. Das war nun schon so seit den sieben Jahren, wo sie ihre Sommerfrische im Erkerzimmer des Schlosses abhielt, und genau so lange hatte ihre liebe Bekannte, die Frau Titularräthin, das große Nebenzimmer mit der Preisermäßigung inne. Aber in all der Zeit war es nicht geschehen, daß Frau von Götzendorff Athem und Stimme wieder bekam unter einer halben Stunde, und heute war es kaum zehn Minuten über halb vier, und schon tönte ihr wohlverständlicher, wenn auch gurgelnder Ruf durch die Thürspalte: »Ach, meine liebe Frau Titularrath, sehen Sie doch geschwind aus dem Fenster, vers le chalet, savez-vous ah ah ah«

»O o o ich sterbe« echo'te es aus dem Nebenzimmer, die Titularräthin hatte gesehen. »Ein Mann«

»Un jeune homme«

»Es kann doch nicht der Bäcker gewesen sein?«

»Aber ich muß sehr bitten, der kommt ja mit Korb und weißer Schürze«

»Vielleicht der Doktor? la bonne est malade.«

»Ein junger Herr ohne Krückstock, schlank wie ein Adonis.«

»Ach, meine liebe Frau von Götzendorff, da fällt mir etwas ein, – die Gretel ist gestern abend fortgeschickt worden«

Ein Schrei beantwortete diese Notiz. Halbbekleidet näherten sie sich von beiden Seiten der Thür zwischen ihren Zimmern, erweiterten den Spalt, drückten sich die Hände und verdrehten die Augen.

»Vielleicht ein Dieb, ein Mörder, Frau von Götzendorff?« Die Titularräthin bekam plötzlich ein Zittern.

»Aber, meine Liebe, Mörder heften keine Zettel an die Bäume; un jeune homme comme il faut«

»Zettel? Aber meine liebe Freundin, den müßten wir doch bekommen, im Interesse der Wahrheit, der –«

»De la moralité, Sie sprechen mir aus der Seele, – wenn Sie hinuntergehen möchten –«

»Auf alle Fälle Es ist mir nur um meine gestickten – Sammet ist so empfinlich«

»Nehmen Sie meine Galoschen, Liebe; mais cette peintre, q'en dites-vous, hain?«

»Ah, diese Emanzipierten, was kann man davon erwarten? Wird auch die Hausthür nicht indiskret knarren?«

»Le bon Dieu wird es verhüten, Liebe, wir sind ja so völlig desintéressées bei der Sache« – – –

Da ist der »Saal« der Baronin, halb Trödlerbude, halb Museum. Silberschränke mit Glaswänden in allen Ecken, weiß- und goldlackirte magere Stühlchen und formlose rothe Plüschfauteuils, zweisitzig, groß wie Betten. Eine schwere, tief herabhängende Stuckdecke mit verschwommenen Rosenguirlanden und Amoretten in Pfropfenzieherstellung. Die Mitte des Raumes ist frei gemacht; dort liegt ein alter Teppich, fadenkahl wie eine abgegraste Wiese, und darauf steht die Staffelei – die Staffelei der Malerin Lore Berth, die mit geschwärzten Fingern unter den Pastellfarben umhergreift. Durch das einzige unverhüllte Fenster – die fünf übrigen sind unter Läden und Vorhängen doppelt versiegelt – fällt ein grünlich gedämpfter Ton auf das gesund rothe Gesicht der Baronin, die in einem süßlila Foulardkleid mit einem Ausschnitt Modell sitzt.

Die Sitzung dauert erst zehn Minuten, und Lore hat schon mehrmals Gelegenheit gehabt, die Geduld zu verlieren. Sie schneidet dann Grimassen, rückt mit dem Kopf, sagt wohl auch ein kurzes Wort, so höflich sie's herausbringt. Die Baronin ist heut so steif wie eine gefrorene Wurst, äugelt an der Malerin herunter bis zu den kleinen festen Lederschuhen, in denen diese sicher und aufrecht steht, sieht fortwährend nach der Thür hinter sich, wobei sie so aus der Pose kommt, daß sie sich allein nicht wieder zurecht finden kann, fächelt sich mit einem Spitzentaschentuch, das etwas löcherig ist, allen Puder vom Gesicht, so daß es um sie stäubt wie in einer Mühle.

»Bitte schön, ein bißchen mehr links« und dann in fast flehendem Ton: »aber nicht wahr, die Nase nicht so einkneifen«

Die Baronin sitzt stumm und kneift sie erst recht zusammen, nicht aus Widerspruch, sonder aus sittlicher Größe, sie muß das heute thun. Da klopft's, und über Lores Gesicht fliegt ein Zornesschatten. Die sechs Tanten rücken an. Jeden Morgen, wenn sie kaum an der Arbeit ist, stelzt die Krähenschar herein, um ihr Gutachten abzugeben. Es gehört das zu den Beschäftigungen ihrer Sommerfrische, die gar zu langweilig wäre ohne diese kleine, »emanzipierte Malerin«. Im Anfang hat sich Lore gesträubt gegen diese Besuche, aber die Baronin hat ihr dann Hoffnung gemacht: da ist diese Frau von Hechingen, die schon immer davon gesprochen hat, ihre »Phine« malen zu lassen, die kleine gute Phine, die aussieht, als ob sie vor zwanzig Jahren in eine Schachtel gelegt und erst eben wieder herausgenommen worden sei, zerdrückt und zerknittert an Falten, Schleifen, Haaren und Gesicht. Oder hat sie dies chiffonnierte Aussehen, weil die Mutter fortwährend an ihr zupft und zaust mit Berufen und Ermahnen? Aber was hilft's, Auftrag ist Auftrag; wenn man nur schöne oder interessante Köpfe malen dürfte, dann wäre das Leben zu golden, um ertragen zu werden. So ist's freilich das Gegetheil, die interessanten Köpfe haben kein Geld, und man kriegt meistens Porträts zu malen, wie das der Baronin hier, vor der Lore schon manchmal »verzwazzelt« ist, noch nie aber wie heut. Jene, gänzlich vergessend, daß sie »sitzt«, hat sich völlig zu den sechs Tanten umgewandt, mit denen ein halblautes scharfes Gezischel und Getuschel losgeht, ein Rascheln mit einem Papierblatt, das von Hand zu Hand wandert. Was für eine Wohlthat es ein müßte, jetzt einmal mit dem Fuß aufzustampfen und dazwischen donnern Ach, wer das dürfte

»Wünschen Sie also eine Pause zu machen, Frau Baronin?« fragte Lore mit zitternden Rasenflügeln.

»Bitte, Fräulein Berth, machen Sie immer fort,« erwidert die Dame über die Schultern weg; so völlig wie heut hat sie noch nie die Rücksicht beiseite gelassen. Lore wirft hastig die Farben in den Kasten und klappt geräuschvoll mir dem Deckel.

»Ich komme wieder, wenn Sie mehr Zeit haben, Frau Baronin.« Damit reißt sie die Thür auf. Da ruft's:

»Noch einen Augenblick, Fräulein Berth, es würde mich interessieren, Ihre Meinung zu hören, verzeihen Sie, daß ich so vertieft war, pardon, wirklich, aber die Sache –«

Lore hätte dieses Lächeln falscher Bonhommie dem ländlichen Gesicht gar nicht zugetraut. Die Baronin hält das Papierblatt mit den Fingerspitzen ihr entgegen, die sechs Tanten drängten sich auf aufgeregt hinter ihr.

»Kennen Sie diese Handschrift?«

Lore blickt flüchtig hin und erkennt sie sofort. Es ist ja kaum ein paar Stunden her, seit diese feine kleine rückläufige Rundschrift ihr vorgelegen. Aber gleichzeitig durchzuckt sie die Vorstellung: was geht mein gestriges Abenteuer diese Gesellschaft an? und sie sagt mit würdevoller Zurückweisung im Ton: »Wie kommen Sie zu dieser Frage, Frau Baronin?« Dabei hebt sie die klaren offenen Augen und sieht fest in das gespannte Gesicht, das sich zu einem neuen malitiösen Lächeln verzieht.

»Pardon, ich fand das Blatt dicht neben Ihrem Häuschen auf dem Rasen,« unterbricht die Titularräthin gleichfalls lächelnd, »oder vielmehr, es hing an einem Baum, ja, so war es, Baronin, auf einer Stecknadel«

Lore schweigt, aber gemüthlich ist's ihr nicht. Der unvernünftige Mensch hätte was Besseres thun können.

»Was steht denn darauf?« sagt sie endlich, ein wenig rauh.

Ein Gekicher aus sechs Kehlen antwortet ihr, nur die kleine Phine steht neugierig, aber ausgeschlossen abseits. Ihre Mama hat ihr energische Zeichen gemacht, sich zurückzuziehen.

»Verse, ein verliebtes Gedicht wie es scheint – Ach geh, Phine, hol mir mal mein Stickzeug von oben, den italienischen Shawl – Ist sie weg? Ist es unmoralisch? Bitte lesen Sie flink Ich bin so gespannt. Fräulein Berth wird sich wohl nichts daraus machen.« Das ist die mecklenburgische Gräfin, Phines Mutter, Lores Antipathie.

»O, Fräulein Lore kennt die Welt,« ruft die Titularräthin, und dann liest sie mit geziertem Schmachten:

»Rothes Häuschen grüne Matten,
Schlaft und träumt in sichrer Hut.
Unterm duftgen Fichtenschatten
Ach, wie ruht' ich hier so gut
Grüßt die Herrin, stolze Bäume,
Sie wie ihr so herb und schön;
Segen über ihre Träume –
Mir ein freundlich Wiedersehn1

Himmel, dieser Mensch Lores Herzschlag setzt aus, sie wartet, ob er nicht etwa gar noch seinen Namen darunter geschrieben habe. Aber es kommt nichts weiter. »Glauben Sie nun, Fräulein Berth, daß dies ein Bauernbursch geschrieben hat?« Die Baronin fixiert Lore wie ein Untersuchungsrichter. »Na, dann will ich aber gleich im Augenblick auf'm Kopf stehn« ruft die Frankfurterin. »Ein Bauernbursch? Nein« sagt Lore ruhig, »'s ist aber auch eins, scheint mir.« »Ja, wenn sich's um ein Bauernmädel handelte, aber das kann ja nicht sein, sie haben dahier sonst eine schöne Sitte, wissen Sie's, Fräulein Berth? Haben Sie's nie gehört? Das geht nämlich so her: wenn einer bei seinem Schatz fensterln gegangen ist, schleicht ihm ein andrer nach und streut auf den ganzen Weg Häckerling, von seinem Haus bis zu ihrem Kammerfenster, den ganzen Weg, denken Sie, Fräulein Berth, und morgens weiß dann gleich ein jeder, – es ist skandalös, aber sehr moralisch, eine gute Einrichtung – Und Sie waren zufällig ganz allein, vergangene Nacht, Ihr Mädchen nach München – haben Sie sich nicht gefürchtet? Nein? Aber, liebes Fräulein, Sie sind wirklich verwegen Ich glaube, ich kann es nicht länger verantworten, Ihnen das Häuschen zur Miethe zu lassen. Es liegt gar zu einsam. Sie sind nicht sicher dort In Ihrem eigenen Interesse: ziehen Sie ins Schloß, ich habe zwei Mansarden frei – aber dort – nein – ich ertrüge es nicht, Sie länger dort zu wissen. Ein Ehepaar, Fräulein Berth, à la bonheur Aber einzelne junge Damen – es geht nicht« Ton und Worte – wie das klirrt Die Malerin steht mit starren Blicken neben der Staffelei. Plötzlich ergreift sie einem umfangreichen Mallumpen und fährt damit klatschend über das fast vollendete Pastellbild der Baronin. »Ah, was machen Sie?« rufen die Tanten herzuspringend. »Ich verabschiede mich,« sagt sie kalt, nickt hochmüthig den Damen zu und verläßt den Saal, den bunten Lumpen hinter sich schleudernd.

* * *

»Guten Tag – Toni Fast hätte ich gesagt Fräulein«

Sieh, das ist ja sehr nett Mama. Da ist er Richard ist da«

»Laß die Mama in Ruh, un gib mir die Hände. Ordentlich Beide Nun?«

Sie lächelten sich halb verlegen, halb spitzbübisch an, Hausdörffer erhob den Arm, um ihn der Braut um die überschlaue Taille zu legen, ließ ihn aber auf halbem Wege sinken; noch einmal drückten sie sich die Hände, dann traten sie auseinander, und Mama erschien unter der Portiere.

Es ist doch eine verlegene, nichtssagende Geschichte, solch ein Wiedersehen nach zweijähriger Trennung.

»Hier hast Du Deine Rosen, Toni«

»O danke, wie schön Sieh Mama, lauter Malmaison«

Ihre Blicke gingen über den Strauß weg und glitten musternd über die Gestalt des Verlobten, bis sie mit seinen ebenso prüfenden Blicken zusammenprallten. Da faßte er sich gewaltsam und fing an zu plaudern.

»Vor allen Dingen, wie geht es Euch, Ihnen?«

»O, gut, wie Du siehst, uns geht es immer gut, nicht, Mama? Wollen wir jetzt frühstücken?« Pause.

»Ich finde Toni blaß – was sagen Sie, Mama?«

»Sie hat die zarten Farben unserer Familie – aber Sie sind dafür um so sonnverbrannter, lieber Doktor.«

»Ich glaube, Toni hält das für sehr garstig – sag mal Schatz.«

»O, wie kann man so etwas sagen« Pause und neue Musterung.

»Eine indiskrete Frage, Mama: hat sich Toni auf das Wiedersehen gefreut?« Es will ihm gar nichts einfallen.

»Du sagst ja auch nicht, ob Du Dich gefreut hast,« macht das Mädchen mit einer schnippischen Bewegung.

»Aber Kinder, das alles ist doch in Eurem Verhältniß selbstverständlich,« bemerkt Mama verwundert, würdevoll, »ich begreife nicht, was diese Fragen sollen. Wollen Sie nicht Thee bestellen, lieber Doktor? Ißt Du Eier, Kind?«

»Soll ich die Teller dazu geben, Mama? Du weißt wohl« Toni begann am Koffer zu knieen und mit Papier zu rascheln. Richard's Hülfe ward mit verschmitzten Lächeln abgewehrt. Endlich waren sie draußen, zwölf goldgeränderte Porzellantellerchen, die schon von weitem grünlich, bläulich und rosenröthlich schimmerten.

»Was ist das?« sagte Hausdörffer im Ton des Entsetzens, »ein Frosch oder ein Mensch?« Er wies Toni das erste Figürchen auf dem gerade vor ihm stehenden Teller.

Toni erröthete tief. »Mama,« sagte sie im Kleinkinderton, »hör mal, Richard Den Engel da«

»Hast Du sie gemalt?« rief der Bräutigam mit herzlichem Lachen. Er verstummte aber schnell, als er die zwei Gesichter sah, beugte den Kopf über die Malereien und murmelte etwas, das nach »niedlich« klang.

»Toni hat nur sechs Stunden gehabt. Die konnte es sofort,« sagte Mama herausfordernd.

»Konnte? Was?« lächelte Richard.

»Na, Porzellanmalen, wie Sie sehen, lieber Schwiegersohn.«

»So schnell kann man dergleichen wohl nicht lernen,« versuchte der Gelehrte einzuwenden.

»O, wenn man so viel Talent hat wie meine Toni – all' unsre Bekannten in Karlsruhe waren außer sich. Nach sechs Stunden«

»Wenn Richard sie nicht leiden mag, kann ich sie ja nur wieder wegpacken, Mama.« Das Mädchen sah so enttäuscht und gekränkt aus, als habe es die größte Ungerechtigkeit erduldet. Daher bestand der Bräutigam darauf, die kleinen Mißgeburten auf dem Tisch zu behalten.

»Es hat so etwas Behagliches in dem dummen Hotelzimmer,« meinte er, »weißt Du auch, Schatz, daß wir uns immer nur in so dummen Hotelzimmern gesehen haben? Nun, das wird doch jetzt endlich anders.«

»Wieso?«

Toni packte sechs der Teller mit größter Sorgfalt wieder in das raschelnde Seidenpapier.

»Wir müssen doch endlich mal Ernst machen,« sagte Hausdörffer erröthend.

Mama rückte sich mit geschmeicheltem Gesicht auf dem Sopha zusammen.

»Sie haben gewiß schöne Neuigkeiten für uns, ich seh' es an Ihrem Lächeln, lieber Schwiegersohn. Haben Sie Aussichten auf eine Professur? Das wäre ja reizend, denn allerdings ja, Sie haben vollkommen recht, diese lange Verlobungen – Toni war in Karlsruhe so recht der Mittelpunkt, ihr wurde allgemein gehuldigt. Und dann immer sagen zu müssen: meine Tochter ist verlobt –«

»Ach, Mama, das wußten Sie ja schon Alle« rief das Mädchen naiv.

Über Hausdörffers eben noch so gequältes Gesicht flog plötzlich ein froher Schein, ein Abglanz von Glück.

»Hast es ihnen gleich erzählt, daß Du nicht mehr zu haben seiest, nicht wahr, mein treues Mädchen?« Er streckte die Hand nach ihr aus. Toni nahm sie und setzte sich einen Augenblick neben ihn, zum ersten Mal heute.

»Das hat gewöhnlich die Fehling besorgt, die hatte immer Angst, ich käme ihr ins Gehege. Sie ist dreiundzwanzig und noch nicht verlobt; wir hörten immer so viel Rühmens von ihr, sie sollte so hübsch und elegant sein – na – nachher«

»Ihre Toni hat sie völlig ausgestochen« sagte Mama triumphirend zu ihm hinüber. Es lag ein liebenswürdiger Nachdruck auf dem Worte Ihre, es klang wie eine Galanterie für ihn.

Seine Toni Die Mama legte sie ihm zum ersten Mal selber in die Arme. Aber er war sich leider bewußt, daß diese Arme nicht so weich gepolstert waren, wie die Mutter es für ihre Tochter wünschte, und so glitt die schöne schlanke Puppe, in diesem Augenblick wenigstens, daraus fort und irgendwohin auf den Boden. Mit einem Ruck stand er sie auf, schüttelte das helle, wollige Haar aus der Stirn und sagte mit etwas knarrender Stimme:

»Ich denke, wir wollen nach Nymphenburg, nicht? Dies ist doch kein Thema für einen ersten Tag – schön heiß wird es auch sein, ah«

Er reckte die Arme und starrte auf Toni, die ihm fremd geworden war. Und er ihr auch, das war deutlich genug. Hübsch war sie, sehr hübsch, aber doch ein bißchen wie der schöne Wachskopf im Friseurladen. Die dunklen Brauen über den hellen Augen und zu dem röthlichen Haar sahen ihm heute wie gemalt aus; die feine längliche Nase, die kurze Oberlippe – all das so regelmäßig, so ganz und gar nicht aufregend, so gleichmüthig und selbstbewußt und enttäuschend, wie ein kalter Maitag. Und seit wann geht sie denn mit solch einer unvernünftigen Taille umher, von der er, der Mediciner, der Physiolog doch keinen Augenblick geblendet sein kann? Zum

Anblicken Den Teufel auch, wenn ich denn doch schon mal heirathe, will ich gesunde Kinder haben, wozu wäre sonst der ganze Handel Das will er ihr jedenfalls auch sagen. Oder besser der Mama – diese jungen Mädchen der guten Gesellschaft müssen ja wie rohe Eier behandelt werden vor der Hochzeit. Nachher – nein, da werden sie bedeutend anders; die Kollegen Spezialisten haben ihm genug aus ihrer Praxis erzählt. Jedenfalls hatte es sein Gutes mit der Toni, daß sie noch so jung, so unselbständig ist.»Mama«, das ist das dritte Wort. Jetzt muß man's nur machen, daß ihr drittes Wort»Richard« heißt, und das kann doch bei einem solchen neunzehnjährigen Seelchen keine zu schwere Operation sein. Die weiblichen Wesen im Allgemeinen lechzen ja nach Unterordnung. Es gibt Ausnahmen. So die Sonja. Aber das war kein deutsches Mädchen. Freilich, die Malerin von gestern sah auch nicht danach aus. Je nun – eine selbstständige Person wie die zählt ja kaum mit – der künftige Staat wird drei Menschengattungen haben: Männer, Frauen und Neutren. Die Malerin wird wohl ein Neutrum sein, das heißt, mit dem Temperamen – »Wie sagst Du Richard?« Toni blickt höflich zu ihrem Verlobten auf, »sagtest Du mir etwas?«

»Hab wohl wieder für mich gebrummelt? Ach, Kind, das macht das ewige Alleinsein. Man wird ganz öd' davon, Du kannst Dir's nicht denken –«

»Nein, ich bin ja immer mit Mama zusammen. Armer Peter«

Schüchtern legt sie einen Moment ihre Finger auf seine Hand. Ein Sonnenstrahl schleicht zwischen den grünen Jalousien herein über den blickenden Frühstückstisch und streift Toni's Kameenprofil; die Flaumhärchen der Wange schimmern golden.

»Möchtest mir Gesellschft leisten, möchtest bei mir bleiben, ja?« flüstert Richard näherrückend. Mama macht sich diskret an den Koffern zu thun, und dabei greift er nach den streichelnden Fingern.

»Gewiß, gern,« zischelt Toni erröthend.

»Gewiß, gern,« äfft er nach. »Du kleiner Fisch Sag, bist Du ein kleiner Fisch?«

Toni blinzelt vergnüglich.

»Ich bin alles, was klein ist 'Die Goldfische' – haben sie die hier auch gegeben? Reizend waren die, nicht?«

»Aber Kind, solchen Schwof Da ist mir meine Zeit zu schade.«

»Du hast es also nicht gesehen?«

»Ich werde mich hüten«

»Aber dann hast Du ja gar kein Urtheil darüber Ich muß Dir sagen, alle unsere Bekannten in Karlsruhe waren entzückt davon.«

»Na, wart' nur, wenn wir verheirathet sind, nehm' ich Dich in die Lehre Jede Woche eine ästhetische Vorstellung bei Deinem Mann.«

»Aber das ist doch gar nicht Dein Fach, Richard« Es klingt verwundert und rechthaberisch. Hausdörffer lacht nervös.

»Ach, Du Schäfchen, ich bin doch nicht bloß so'n Fachsimpel?«

»Wenn man sich zersplittert, bringt man es nicht weit, heutzutage.« Toni spricht sehr würdevoll jetzt, Richard stutzt.

»Na, wo hast Du das aufgeschnappt?«

»Unser Hausarzt in Karlsruhe war ein sehr gescheiter Mann, der hat das jeden Tag gesagt.«

»Liebe Toni, ein gescheiter Mann sagt nicht jeden Tag dasselbe, am wenigsten etwas so Gemeinplätziges.«

Nun schweigt sie verletzt, und er ist auch verstummt. Nein, gewiß, so kommen sie sich nicht näher.

»Seid ihr fertig, Kinder?« ruft Mama aus dem Alkoven. Beide springen erleichtert von den Sitzen, froh, daß das Frühstück vorbei ist. Im Tramwagen kann man kaum mit einander reden, und das ist vortheilhaft. Man lächelt sich an, spricht ein halbes Wort, nickt, freut sich, das lang entbehrte Gesicht ungestört ansehen zu dürfen. Das Mädchen ist wirklich schön: die rosenfarbene Straußenfeder schwippt graziös um das zarte Oval des Gesichts, in ihrem rosa Zephirkleide sieht sie aus wie eine Meißener Porzellanfigur. Mama lächelt den Schwiegersohn an: nun, was sagst du von ihr? bist du nicht entzückt? Ich bin es den ganzen Tag lang, und besonders, wenn viele Leute rundum sind. Schade, daß Mutter und Tochter sich, so beisammen gesehen, etwas sehr ähneln. Dieselbe röthlichblonde hohe Frisur, nur bei der Mama etwas fadenscheinig um Stirn und Schläfen, dieselbe Hautfarbe, ursprünglich, aber diese zarten Blondinen verblühen so schnell, jetzt sieht sie ein wenig unwahr aus bei der Mutter, ihr Teint hat einen Stich ins Mehlige, Bläuliche, vom Puder. Dazu der lila Hut mit dem violetten Halbschleier bis über die Nase, und die Brillantohrringe, die ihr jeder Kopfbewegung auffunkeln. So wird Toni besten Falls einmal aussehen, wenn sie in Ruhe gelassen wird. Richard kann selbst nicht dagen, weshalb ihm die Vorstellung unbequem ist. »Mondaine« Aber das ist es nicht allein. »Leer« Ja, das wäre vielleicht die Hauptähnlichkeit gewesen. Es ist noch jetzt ihr höchster Stolz, für die ältere Schwester ihrer Tochter zu gelten.

»Fehlt Dir etwas?« sagt Toni, als sie endlich aus dem Omnibus heraus sind und im Gänsemarsch die schattenlose Chaussee überschreiten, wo die Staubwirbel noch nicht zur Ruhe gekommen sind. »Fehlt Dir etwas? Du machst immer solch Gesicht Ist es nicht wahr, Mama?«

»Ihr zwie Turteltauben« zärtlich klopft Mama dem Schwiegersohn mit dem Sonnenschirm auf die Schulter.

»O, die Tauben sind schlimme Thiere Grausame Thiere Neidisch, rechthaberisch, eifersüchtig,« ruft er zwischen Spott und scheinbarem Ernst.

Toni kichert. »Das ist ja ganz was Neues Wer hat denn das wieder entdeckt?«

»Vor unserer modernen Wissenschaft ist nichts verborgen,« fährt er spöttelnd fort.

»Eure moderne Wissenschaft ist sehr klug, ihr hört wohl das Gras wachsen?«

»O, das schon sehr lange. Dieser Marsch in der Sonne ist aber entschieden zuviel für unsere verehrte Mama; sobald wir ein Schattenplätzchen gefunden haben, muß Mama ruhen, wir beide laufen dann in den Park und füttern die Schwäne.«

»Was wird da bestimmt? Ich nicht mitkönnen? Aber, lieber Schwiegersohn, das wäre das erste Mal. Wo meine Kinder bleiben, da bleib' ich auch.«

Heroisch stapft Mama durch den Sand, vorüber an der mühsam sickernden Fontaine; der Teich liegt regungslos unter der dichten Decke von Wasserlinsen.

Mittagstille über den Bäumen und Wirthschaftsgebäuden. Wie eine schattige Oase dunkelt des Controlleurs Garten, als sie an der Pforte vorbeischreiten. Alle drei zieht es hinein, aber Richard hat sich jetzt vorgenommen, die Mama müde zu laufen, die Mama fühlt ihre Jugend und Leistungsfähigkeit in Zweifel gezogen, und Toni läuft mit, die hat nur den Willen ihrer Umgebung.

Sie schreiten unter den grünumsponnenen Bogen in den Park. Wohl oder übel hat Hausdörffer der Mama den Arm geboten. Damit aber scheint eine ungeheure Elasticität in ihre Glieder gefahren zu sein, sie geht vortrefflich neben ihm im gleichen Schritt, plaudert beständig und wirft ihm jugendliche Blicke zu, ohne sich um Toni zu bekümmern, die gelangweilt und schmollend zurückbleibt. An der Biegung einer langen Platanenalle bemerkt sie erst, daß die Tochter fehlt. Zum Glück ist eine Bank da, sie sinkt darauf hin und macht unwillkürlich Platz neben sich.

»Oder wollen Sie nach meiner Toni sehen?« flötet sie.

»Nach meiner Braut Adieu, Mama.«

Fort ist er mit fliegenden Rockschößen, mit langen Stelzbeinen rennt er davon, daß es um ihn wirbelt, wie nun einen rollenden Wagen.

Nun wird die Situation schon annehmbarer. Rings nichts als weißes klares Mittagslicht, kein Menschenauge, das ihn stören könnte, ihn und sie, die da am Ende der Allee zierlich und nicht zu schnell ihm entgegenkommt, wie eine Rosenwolke. Auch der Sonnenschirm ist zart zu dem Kleide gestimmt. Jetzt kann er ihr Gesicht erkennen, ihr Schelmenlachen, das gewiß seinen beschwingten Rockschößen gilt. Ein glücklicher Übermüth, eine knabenhafte Ausgelassenheit überfällt ihn.

»Mein Schatz Mein Rosenlieb« jubelt er durch den schweigenden Baumgang, und mit ausgebreiteten Armen fliegt er auf das Mädchen zu, um es fest an sich zu pressen, und nun küssen sie sich, daß ihr der Athem vergeht und sie die Hand hebt, um zu winken:

ich kann nicht mehr. »Das war doch endlich mal ein Kuß Dein Hut verrutscht? Ach, laß ihn doch, 's ist ja bloß 'n Deckel. Warum bist Du nicht gelaufen? Geht so pomadig, als begegneten wir uns alle Tage Gradaus? Nein, Schatz, da sitzt Mama und wartet auf uns; aber die nächste halbe Stunde kriegt die uns nicht zu sehen, wie? O, sie sitzt da ausgezeichnet, ein dicker Baum, und daneben ein kühler Brunnen. Prachtvoll, sag' ich Dir Nein, keine Sorge um Mama –«

»Aber ich kann doch nicht so allein herumlaufen« Toni hat die Augen niedergeschlagen, um ihre Lippen spielt spitzbübisches Zucken, sie athmet schwer.

»Allein? Wenn Du mit mir bist? Mit deinem Mann?« Er zieht sie an sich.

»Ein Brautpaar – das ist – Mama sagt –«

Sie bricht stotternd ab, aber leise sucht sie sich los zu machen.

Nun ist sein Trotz aufgestachelt, er schmeichelt und bittet, wie er noch nie gebeten hat. »Liebst Du mich denn nicht, Toni? Liebst mich so kalt? Sind wir zwei Frösche, wie Deine Engel da auf den Tellern, oder sind wir zwei Menschen, die einander mehr sein wollen, als die ganze Welt?«

»O Gott, gewiß, Richard, und ich thäte es Dir auch gern zu Gefallen, aber sieh mal, wir verheirathen uns ja doch, und nachher sind wir immer zusammen. Aber so, jetzt – Du glaubst nicht, wie streng Mama ist, sie hat es mir immer wieder eingeschärft – und – man hört ja auch so viele Geschichten –«

Toni ist sehr roth, Richard sehr blaß geworden, er läßt ihren Arm aus dem seinen gleiten. »Was für Geschichten meinst Du, Kind?«

»Ach, so allerlei – wiedererzählen kann man sie nicht, aber Mama behauptet immer, ein junges Mädchen könnte nicht vorsichtig genug sein.«

»Auch ihrem Bräutigam gegenüber?«

»Ja, da am meisten.« Toni zuckt die Achseln und läßt die Lippen hängen.

»Saubere Bande« grollt Richard zwischen den Zähnen.

»Wie meinst Du?« macht Toni kläglich.

»Die Leute, die so was predigen Übrigens, Toni, kannst Du Dir denken, weshalb? Was sie meinen?«

»N – n – ein.« Über ihr Gesicht fliegt ein Purpurschatten. Richard athmet auf.

»Nicht wahr, Du weißt es nicht, und sieh, ich weiß es auch nicht; ich weiß nur, daß es Schmutzfinken gibt, für die nur die gemeine Seite aller Dinge, aller Gefühle, alle Verhältnisse existirt. Und nun sage mir, mein liebes Mädchen, mein armes, verschüchtertes Vögelchen, sollen wir beide uns von Leuten dieser Sorte unser Thun und Lassen bestimmen, unsre Empfindungen beeinflussen lassen? Wäre das nicht die verkehrte Welt?« Er drückte heftig auffordernd ihre Hand.

»Ja,« hauchte Toni widerstrebend, »aber sieh mal, Mama –«

»Liebst Du mich, Toni?«

»Ach, das ist doch selbstverständlich, wenn wir verlobt sind.«

»Etwas mehr, als diese selbstverständlichen Brautgefühle, Kind Bin ich der Mensch, der Dir der liebste ist auf der ganzen Welt?«

»Ja, gewiß, Richard, nur noch Mama –«

Er unterbrach sie hastig. »Bin ich Dein Ideal, Toni?«

»Ja, aber warum quälst Du mich so , und warum bist Du so aufgeregt? Ich bin auch schon ganz aufgeregt worden So mußt Du nie mehr mit mir sprechen, Richard. Was soll Mama denken, wenn wir so echauffirt ankommen?«

»Aber sie weiß doch, daß wir uns gut sind. Sei nicht so hasenherzig, kleine Maus. Vertraust Du mir denn nicht? Ist es möglich, daß Du mir nicht vertraust?«

Sein Ton war sehr ernst, gekränkt. Toni hatte Thränen in den Augen, aber sie drängte vorwärts.

»Ich versteh' Dich nicht recht. Was soll ich denn? Jetzt bin ich schon ganz niedergeschlagen. Vor zwei Jahren warst Du viel rücksichtsvoller und so nett mit mir O, so nett« Sie schluckte und sah unglücklich aus. Plötzlich schlug ihr Ton um: »Mama Sie kommt uns entgegen, Gott sei Dank So hat sie sich geängstigt, arme Mama.«

Sie winkte mit dem Sonnenschirm, und Mama winkte wieder; Richard überkam es, als möchte er davon laufen.

»Wo bleibt ihr, Kinder?« rief Mama zärtlich besorgt, »aber lieber Doktor, das ist ja die reinste 'Wildgoose-chafe' Jetzt hätte euch nur Tante Fehling begegnen sollen, dann wäre der Klatsch fertig gewesen.«

»Tante Fehling?« brummte Richard.

»Ja, das ist die, von der immer allerlei Geschichten in Umlauf gesetzt werden. Ein Horreur, diese Person.«

»So, die erzählt Geschichten«

Er fixirte Toni, die sich jetzt, eng und schwer für ein so lustiges Püppchen, an seinen Arm gehängt hatte.

Da blieb sie denn auch für den Rest des Tages hängen, aber sie hatten beide kein rechtes Vergnügen davon. Kein Wort, das recht einschlug, keins, das einen Widerhall fand. Dafür trat das stumme Mustern und Abschätzen aufs neue hervor. Redselig war nur die Mutter, und sie ermahnte zur Nachahmung. Auf ihrem verbindlich lächelnden Gesicht stand aber trotzdem die Klage: lieber Gott, ist so ein Brautpaar sterbenslangweilig Sogar photographieren ließen sie sich zu dritt, und zwar hatte der Momentphotograph ein sonderbares Dekorationsstück da, ein Boot mit der Aufschrift »Amor«. Unten besaß es Rollen, die hinter blaugemalten Wellen aus Pappe versteckt waren. Der ambulante Künstler versetzte Mama ans Steuer, das Brautpaar sollte sich zärtlich umschlingen. Jetzt war es aber Hausdörffer, der das abgeschmackt und unpassend fand. Ein fingirtes Boot auf einem fingirten Wasser, mit einem fingirten Steuermann – nicht bestimmt sich auf den lebendigen Wellen zu tummeln, sondern ewig da zu hocken, gestrandet, versandet. Er sagte so etwas und fand, daß es ein sehr trauriges Sinnbild sei. Aber die Damen begriffen nicht, wie man alles so schwer und wichtig nehmen könne und fanden die Idee allerliebst. Folglich kam das Bild zu stande, und zur Belohnung ihres guten Willens waren denn auch Mutter und Tochter überraschend gut geraten; Richard aber hatte zwei Gesichter bekommen, wie der Gott, der in Vergangenheit und Zukunft schaut, sie waren aber beide unkenntlich. Die Damen stecken seelenvergnügt ihre Blechtäfelchen ein, Richard ward sehr bemitleidet:

»Armer Peter, bist so gräßlich geworden Aber warum hast Du auch so gezappelt?« Gerade, als ob ihm die Verzerrung Schmerz machen müßte Aus was für Gründen alles man bedauert werden kann

»Versuch's doch, mich zu retouchieren Du weißt ja jetzt so tapfer mit dem Pinzel umzugehen,« sagte er sarkastisch. Aber Toni mochte nicht geneckt werden, sie war dann wie auf Glatteis.

Nach vier Tagen fast ununterbrochen Zusammenseins in Restaurants, Galerien, Cafés und Hotelzimmern empfand Hausdörffer eine unwiderstehliche Sehnsucht nach seiner Arbeit. Er sagte sich, daß er an solch ein Herumlungern mit Damen nicht gewöhnt sei und auch nicht die Verpflichtung habe, sich daran zu gewöhnen. Waren sie einmal verheirathet, so hatte ja auch jedes seine Arbeit, man traf sich dann nur in den Mußestunden. So war es das Normale und konnte trotz alledem sehr hübsch werden. Er deutete seiner Braut an, daß er jetzt an den Vormittagen nicht frei sein, sie erst zum Speisen abholen würde.

»Aber Du hast doch Ferien,« hieß es.

»Liebes Kind, vierundzwanzig Stunden Liebe jeden Tag, das ist zuviel für den Menschen,« lachte er.

»Aber wir sind ja kaum zwölf zusammen, mein lieber Peter«

»Gut, so bring' ich meine Korrekturbogen mit zu Euch und sehe sie hier durch; willst Du das?«

Toni fand die Fahnen aber äußerst langweilig und konnte nicht glauben, daß etwas Interessantes darauf stehen könne.

»Eigentlich solltest Du es lesen, da es doch von Deinem Bräutigam ist,« scherzte Richard.

Toni ward sehr ängstlich: »Im Ernst? Thun das alle Gelehrtenfrauen? Über Eiweißkoagulationen? Ach Gott, Richard, das kann ich ja aber gar nicht« Sie lief zu ihrer Mutter, die mit eine

Roman in Schaukelstuhl saß, und zeigte ihr die Abzüge.

»Gib her, liebe Puppe, und plappere nicht jetzt, Du störst mich« rief Richard herrisch,»wenn Du auch nicht verstehen kannst, was da steht, – so viel Verständniß sollte eine Gelehrtenfrau allerdings haben.«

Toni wagte nicht mehr zu mucksen, so hatte er sie noch niemals angefahren. Wie eine Feder sprang sie auf, als es an die Thür klopfte, ein halb scheuer, halb schadenfroher Blick flog zu dem Schreibenden am Fenster.

»So, jetzt kommt Besuch Mama, es sind die Wagners, alle drei.«

Richard sprudelte einige lebhafte Worte heraus, er hatte gleich zusammengepackt und sah sich nach seinem Hut um.

»Doktor Hausdörffer, mein Schwiegersohn,« stellte Mama mit zärtlichem Tonfall vor.

»Ich bedaure unendlich, aber ich habe zu arbeiten,« sagte Richard, als die ersten Worte gewechselt waren; die drei gleichgültigen Leute, die ihn aufhielten, aber nicht im mindesten interessirten, kannte er von der Straße her: es waren zwei gigerlhaft gekleidete Brüder und die Frau des einen, eine bekannte Modelschönheit.

Am Nachmittag fand er einen kühlen Empfang, vor allem bei Mama. »Sie waren wirklich nicht sehr rücksichtsvoll, lieber Doktor, ich fühlte mich peinlich berührt, als Sie so schnell aufbrachen. Wagners sind gegen Toni unbeschreiblich zuvorkommend, sie haben ihr für den ganzen Fasching eine Einladung gebracht – sie wohnt dort –, solche Konnexionen sind doch gewiß nicht zu verachten.«

»Leere Bälge, Haubenstöcke Nein, dahin geht Toni nicht«

»Lieber Himmel, ihr seid doch noch nicht verheirathet« rief Mama.

Diesmal war Toni die Klügere. »Wir können später darüber sprechen, es ist ja noch ein halbes Jahr hin,« aber ihr Gesicht wurde nicht sehr weich, selbst als nachher ein harmloseres Gespräch aufkam, und Richard sich großer Liebenswürdigkeit befliß.

Er nahm ihr Stickscherchen fort und schnippte tändelnd nach ihren Stirnlocken, er wickelte ihr den Faden, mit dem sie stickte, unter den Händen um einen Taillenknopf, er bemühte sich, ihre eifrig hantirenden Finger zu küssen, es half alles nicht viel. Erst als er beim Nachtessen feierlich erklärte, er würde nichts genießen, falls ihm nicht Toni jedes Stück auf den Teller lege, die Butterbrödchen eigenhändig streiche und die Birnen schäle und zertheile, fing sie heimlich an, über ihren tyrannischen Sklaven zu lächeln, und gab ihm alles so zierlich und appetitlich vorgerichtet, als ob er wirklich keine Hände besitze.

»So ist's recht So hab ich's auch gemacht, so lange mein Mann lebte« nickte Mama wohlgefällig, »sogar an der Table d'hote mußte ich ihm jedes Stück vorlegen Ich sah auch immer die besseren Stücke Ach, wenn man so allein nachbleibt später, es ist zu traurig«

Von jetzt an verbrachten sie nur die Nachmittage und Abende zusammen, die Frauen baten selbst nicht wieder, daß er seine Arbeit zu ihnen mitbringe. Sie hatten viel Besuch und gingen auf Einläufe. Er sollte dann loben, den Preis errathen, mit demselben Interesse womöglich wie sie bei den Gegenständen sein.

»Ist es nicht fürchterlich, was so kleine Frauen alles zum Leben brauchen?« sagte er dann wohl, »wenn ich denke, wie platonisch unsereins vor diesen Schaufenstern stehen kann, die Euch zu lauter Fallgruben werden«

Es sollte scherzend klingen, machte sie aber doch vorsichtiger. Von jetzt an gab es ein Tuscheln und In-die-Ecken-räumen, eh' er erwartet wurde.

»Wenn man den Männern die Augen zu groß macht, das thut auch nicht gut, es hat noch keinen gegeben, der ganz mit Offenheit behandelt werden wollte,« sagte ihm die Mama sanft und überlegen. Sie fürchtete sich eigentlich vor ihm, so gut wie Toni, die schon angefangen hatte, einen vollkommenen Popanz aus ihrem künftigen Ehemann zu machen.

»Dies mag Richard gern, und das mag er nicht,« und »das sollte Richard nur hören, wie böse er dann wohl würde,« und »damit dürfte man Richard nicht kommen,« und »laß das nur ja nicht Richard merken, dann brummt er gewiß.«

»Wie wird das werden, wenn ihr verheirathet seid« warnte oft die Mama. Dann lachte Toni zuversichtlich:

»O, ich kann den kleinen Peter um den Finger wickeln, er muß es nur nicht merken Er ist gräßlich verliebter Natur, von solchem Mann kann man alles haben, was man will.«

»Wie klug Du sprichst, Kind Sei so zurückhaltend wie möglich, das ist doppelt angebracht. Aber daß er nie von seinen Ausfichten spricht, das gefällt mir nicht. Die Geschichte zieht sich für Dich viel zu sehr in die Länge Deine besten Jahre sind im Nu vorbei.«

Toni wollte selbst das Gespräch auf die Zukunft bringen. Der Gedanke an verschwindenden Jahre, an eine mögliche Verminderung ihrer Jugendfrische, das war für die Neunzehnjährige ein erschreckendes Gespenst. Als Richard am Nachmittage ins Zimmer trat, fand er Toni in Thränen über einer Spitzenarbeit, Mama rief ihm aus dem Nebenzimmer zu, daß sie sogleich erscheinen werde. Verwundert und bestürzt fragte er die Braut, was denn geschehen sei. Toni stützte zierlich den Kopf und verweigerte die Auskunft mit leichtem Zittern der Stimme.

»Sag's mir doch, ehe wir wieder gestört werden« bat er eindringlich.

Da kam es tropfenweiße, gepreßt, halb schluchzend heraus, daß sie doch so – so oft voll Angst und Sorge vor der Zukunft sei – niemand habe als die Mama – und die werde auch täglich älter – und er – sie hätten doch keine Aussicht bis jetzt, sich zu vereinigen – bald müßten sie wieder fortreisen – die Zeit verginge – keinen Ball besuchen dürfen als verlobte Braut – und gerade in Karlsruhe, wo es so reizende Geselligkeit gibt – Hausdörffer hatte athemlos zugehört. Etwas Bitteres und Verächtliches war in den Blicken, mit denen er das weinende Geschöpfchen betrachtete. Als sie aber zum Schluß zaghaft die Hände nach ihm ausstreckte und flüsterte:»Wenn ich meinen kleinen Peter nicht mehr zu verlassen brauchte –« riß er entzückt die Augen auf und meinte, es sei alles nichts als vorahnendes Trennungsweh und grenzenlose Liebe zu ihm, und sein erster widriger Eindruck habe ihn schändlich irre geführt. Geschmeichelt und zärtlich wie nie zuvor wandte er nun alle Beredtsamkeit auf, um sie zu trösten, sie zu überzeugen, daß sie noch kinderjung, die Mama im kräftigsten Frauenalter, er ihr treuer Verlobter und Gatte sei.

»Ach, aber wie lange kann es noch dauern?« seufzte Toni verwirrt,»es ist wirklich zu unangenehm, und wenn es Dir möglich wäre, diese Zeit abzukürzen –«

Schon erschien Mama auf der Schwelle, sie hatte einen so wissenden Zug um den Mund, und ihre Augen befragten die Tochter, obgleich ihre Lippen von lauter unbefangener Freundlichkeit für den Schwiegersohn überflossen. Tonis geröthete Augen schien sie nicht zu bemerken.

»Wagners sind auch wieder da gewesen; Sie finden keinen Geschmack an den Leuten; aber ich muß sagen, es sind höchst liebenswürdige, reizende Menschen.«

»Toni kann ja ihn heirathen, es sind ja doch zwei so reizende Menschen da« fuhr Hausdörffer tückisch heraus.

»Richard Und das sagst Du mir« Die Braut war glühend roth geworden.

»Ich höre jeden Tag, wie reizend sie sind, da fällt einem so allerlei ein.«

»Aber, Lieber Doktor, Sie haben Talent zur Eifersucht? Sie? Ein Philosoph? Ein Gelehrter?« Mama lächelte ironisch.

»Das muß mein lieber Peter sich abgewöhnen« schmeichelte Toni. Sie setzte sich zu ihm. »Sieh, wenn wir morgens ein bißchen Zerstreuung haben, das ist doch nett, nicht? Weil Du nicht immer kannst. Jeden Tag wissen sie Neues, sehr amüsant.«

»Das heißt, heute – das war nun die richtige Skandalgeschichte,« begann Mama; »es ist wirklich kaum wiederzuerzählen.«

»Was dieser reizende Herr Wagner Ihnen beiden erzählt hat?«

»Nein, die Frau fing davon an,« riefen die Damen gleichzeitig.

»Also etwas Unpassendes?«

»Furchtbar unpassend, aber wissen Sie, lieber Doktor, es betraf kein Mitglied unserer Gesellschaft, schon mehr so da unten, in der Bohême.«

»Eine Geschichte mit einer Mahlerin,« murmelte Toni verschämt.

»Oho, hier in München gehören die Maler sicher zur Gesellschaft, aber sehr, mein Schatz«

»Ja, Sie denken an Lenbach oder so, aber nein, dies war nur eine ganz arme, ganz untergeordnete, stark emanzipirt natürlich –«

»Schon'n bißchen mehr als das« lachte Toni.

»Na, was hat sie denn angestellt, so erzählt doch.«

»Ach – sie – Frau Wagners Tante war nämlich hier wo auf dem Lande, in einem Nest, und da war die auch – eine alleinstehende Person – malte da die Leute um ein billiges Honorar – sie war, wie gesagt, ganz untergeordnet – und die Baronin – ich weiß nicht, wie sie noch heißt – hatte ihr aus Gnade und Barmherzigkeit freie Wohnung gegeben, wirklich nur aus Gefälligkeit gegen ein paar Bekannte, die sich da malen lassen wollten. Aber man kann in solcher Lage nie vorsichtig genug sein, nie, nie, nie«

»Hat sie das Haus angezündet, oder der Baronin einen zu großen Mund gemalt? Auf etwas Fürchterliches darf man gefaßt sein.« Richard hatte einen seltsam gespannten Ausdruck im Gesicht, etwas Feindseliges, Widerwilliges.

»Nein, nein, sie hatte ganz plötzlich Herrenbesuch, und zwar zu einer Zeit –«

»Bitte« rief er ungeduldig.

»Nun, was ist da weiter zu berichten? Am andern Morgen machte man ihr einfach den Standpunkt klar, sie mußte sofort abziehen – dergleichen konnte doch die Baronin unmöglich dulden Oder sind Sie vielleicht anderer Meinung, lieber Doktor?«

»Wissen Sie den Namen der – Sünderin?«

»So etwas wie Berg oder Berth, ein ganz unbekannter Name, beruhigen Sie sich Gott, es ist ja nichts an der Geschichte, wenn man das so trocken weitergibt.«

»Es kam doch auch noch ein Gedicht darin vor, das an einen Baum geklebt war, Du läßt immer das Beste aus, Mama.« Toni amüsirte sich.

Hausdörffers Gesicht war hart zusammengezogen, er stützte den Kopf auf und klopfte mit dem Fuß auf den Boden, Mamas fragenden Blick bemerkte er gar nicht.

»Fräulein Lore Berth ist übrigens keine unbekannte Größe, sondern eine viel versprechende Künstlerin,« sagte er matt.

»Na ja, vielversprechend nach mehr als einer Richtung,« lachte Mama. »Sie nennen sie hier nur die Vierkreuzergräfin, so hochmüthig ist sie.«

»Das wird sich jetzt geben – Wagners sagen, nach dieser Geschichte sei sie ganz unter die Füße gekommen, die kriegt so bald keinen Auftrag wieder.«

»Lieber Gott, um die Dummheit?« Hausdörffer sprang ungestüm vom Tische auf.

»Ihr Männer habt doch eine laxe Moral« bemerkte die Mama, »Gott sei Dank, daß wir besser wissen, was sich schickt«

»Ihre Schuld ist also fest erwiesen? Ihr verdammt, ohne zu hören?«

»Du, Mama, Richard kennt sie gewiß, daß er so für sie Partei nimmt,« fiel Toni ein.

Hausdörffer wandte sich gegen das junge Mädchen. »Ja, ich kenne sie, und ich halte sie fü eine ausgezeichnete Person. Ausgezeichnet und ungewöhnlich. Höchst wahrscheinlich ist ihr Unrecht geschehen.« Er stockte, erröthete und wandte sich ab.

»Ach, weil Du sie kennst« rief Toni wegwerfend.

»Wie sprichst Du mit mir?« entgegnete er mit sprühenden Augen.

»Aber, lieber Doktor, Sie werden doch nicht mit Toni zanken um ganz wildfremder Leute wegen?« jammerte die Mama.

Sie standen jetzt alle drei, Richard senkte den Kopf und wich gegen die Thür zurück. »Ich kann ehrlich nicht mehr,« sagte er tonlos, »ich kämpfte jeden Tag, ich habe seit acht Tagen keine Nacht mehr geschlafen.«

»Was heißt das? Was bedeutet dieser Ausdruck?« stammelte Mama in tiefer Verwunderung.

»Wir reden – wir wollen morgen weiter sprechen – ich kann nicht mehr« Mit einem bittenden Blick nach Toni, die regungslos in der Fensterecke stand, ergriff er seinen Hut und Stock und war mit einem Sprung draußen.

Drei Tage warteten Mama und Toni vergeblich auf sein Wiederkommen. Sie schrieben ihm, das heißt Mama schrieb ihm, Toni saß niedergeschlagen in den Ecken, weinte täglich einige Tropfen und wurde nur munter, wenn Wagners kamen. Keine der zwei Frauen hatte eine Ahnung, was dem Bräutigam fehle; sie nannten ihn sonderbar, rücksichtslos, launenhaft, aber kein tieferer Grund ging ihnen auf.

Mama behauptete, er sei nichts als eifersüchtig. »Das gibt sich, wenn ihr verheirathet seid. Wenn er nur endlich einmal eine feste

Anstellung hätte Diese langen Verlobungen, das ist ein Elend, verdirbt die besten Menschen. Was hat er Dir denn eigentlich geantwortet neulich?«

Da Mamas Brief ohne Erwiderung blieb, zog große Unruhe in die Gemüther der beiden.

»Vielleicht ist er doch nur krank Könnten wir nicht den Hausknecht von unten fortschicken?« rieth die Mama. Aber Toni war für eine Depesche.

»Rückantwort bezahlt, weißt Du. O Mama, ich habe Angst, daß etwas passirt ist Aber keine Krankheit. Ich weiß nicht, was ich denken soll, er war zu sonderbar das letzte Mal.«

Zwei Depeschen, und noch immer keine Antwort. Das wurde unerträglich, um so mehr, als man sich niemand mittheilen, niemand um Rath fragen konnte, sondern sorgfältig und ängstlich bedacht war, den Besuchern gegenüber heiter und unbefangen zu erscheinen, wie immer. Endlich, nach fast einer Woche, traf ein Brief ein, datiert aus Dachau, und an die Mutter gerichtet. Richard schrieb:

»Verehrte Frau

Mein Seelenzustand ist seit einigen Wochen ein derartiger, daß Sie Mitleid mit mir haben würden, wenn Sie in mich hineinsehen könnten. Ich fühlte es schon in den ersten Stunden des Wiedersehens, daß zwischen Toni und mir etwas zerrissen ist, das nie wieder angeknüpft werden kann. Ich fühlte, daß ich sie frei geben müsse, um uns beide vor einem traurigen Schicksal zu bewahren. Wollen Sie, können Sie mir verzeihen, daß ich so lange nicht den Muth fand, es zu sagen? Ich bin hierher geflüchtet, um mit mir ins Reine zu kommen, ich glaube nicht, daß ich Sie und Ihre Tochter mit meinem heutigen Geständniß überraschen werde. Sie und ich, wir gehören zwei verschiedenen Welten an, das ist uns in diesen unglückseligen gezwungenen Wochen stündlich klarer geworden. Daß ich es trotzdem als schwere Schuld empfind, mein gegebenes Wort zurückzuziehen, daß ich Sie, verehrte Frau, inständig bitte, Toni von meinem mühsam errungenen Entschluß auf die schonendste Weise in Kenntniß zu setzen, wird vielleicht Ihren berechtigten Groll mildern gegen Ihren unglücklichen

Richard Hausdörffer, Dr. med.«

Toni sah ihrer Mutter vom Gesicht ab, was der Brief enthielt. Sie brach in verzweifeltes Schluchzen aus: Mama, Mama, sag es mir gleich Nicht wahr, er läßt mich sitzen? O O O«

»Und er irrt sich sehr, wenn er glaubt, wir ließen uns das so schlankweg gefallen Toni, mein armes, süßes Kind, verdirb Dir die Augen nicht, ich zieh' mich an und gehe sofort zum Advokaten«

Aber dann erschienen die Wagners und plauderten viel, und als sie gingen, hielt Mama ein Papierblatt in der Hand, daß sie der Kuriosität wegen mitgebracht hatten, und neben sich hatte sie Richards Brief gelegt und blickte prüfend hinüber, herüber. Ein verständnißvolles Aufleuchten, ein ironisches Mundwinkelzucken, ein optimistisches Lächeln, das war das Resultat. Toni lag derweil mit einem nassen Stirnumschlag auf dem Bette im Alkoven. Sie seufzte, als sie der Mutter Schritt auf der Schwelle hörte.

»Seufze nicht, Toni, und vor allen Dingen weine nicht mehr Wer gibt Dir nachher etwas dafür? Ich glaube – nein, nicht aufrichten – ich habe dieses Räthsels Lösung entdeckt, und es wird doch alles gut werden« So entschlossen und zuversichtlich

»Ein Räthsel? Höchstens, daß er noch bis zum letzten Tage so nett mit mir war, sonst wüßt' ich keins Ja, Mama, den letzten Nachmittag sagte er noch, er wäre mein treuer Verlobter und Gatte« Ein lauter Thränenausbruch.

»Siehst Du siehst Du das stimmt vollständig mit meiner Entdeckung« triumphirte Mama. »Kind, ich habe morgen einen schweren Gang vor, aber ich hoffe —«

»Du willst doch nicht nach Dachau, Mama?«

»Ja, Toni, ich fahre nach Dachau, Du solltest es nicht wissen, aber es ist schon so, hab nur guten Muth Willst Du nichts zu Nacht essen?«

»Toni erklärte, daß sie unter diesen Umständen ausstehen könne. Sie saß dann in einem bänderbesetzten zierlichen Schlafrock mit dem Tuch um die Stirn in einem tiefen Lehnstuhl, wurde mit Bouillon und Pastetchen gepflegt und knabberte Bonbons bis Mitternacht.

»Wenn der dumme überspannte Mensch Dich nur so sähe, er würde etwas andres thun, als so schnell von Aufgeben sprechen Der kann lange suchen, bis er etwas so Reizendes wiederfindet,« nickte Mama.

Toni glänzte sie an, ihre Augen und Backen waren etwas fieberhaft heute Abend, sie sah wirklich ungewöhnlich reizend aus.

Ein schwarzes Spitzenkleid schien Mama das einzig Richtige für eine solche Expedition, und so fuhr sie denn in ihrem schwarzen Spitzenkleide und kokett ernsthaftem schwarzen Hütschen nach Dachau, um dem »lieben Doktor« den Kopf zurechtzusetzen. Da er seine Wohnung nicht weiter bezeichnet hatte, war die Sucherei mühselig, und das dörfliche Wirthshaus, in das sie endlich gewiesen wurde, flößte ihr geradezu Abscheu ein. Ein dunkler, dumpf riechender Gang, an dessen Ende eine Thür – das sollte Hausdörffers Wohnung sein. Auf ihre Bitte, sie anzumelden, hatte man ihr gemächlich bedeutet, nur selber anzuklopfen, der Herr sei vor einer Stunde heimgekommen. Sie pochte zwei-, dreimal, zaghaft, mit schalldämpfendem Handschuh.

»Was ist da los?« rief es plötzlich drinnen, und ein Stuhl fiel um.

Das war ein Empfang Die stattliche Dame prallte einige Schritte zurück, dann rückte sie wieder heran. Sie hatte in der burschikosen Anrede deutlich Richards Stimme erkannt. »Könnte ich Sie nicht einen Augenblick sprechen, lieber Doktor?« sagte sie laut und süß. Himmel, da lachte es hinter der Thür Der Unmensch konnte lachen, während Toni den ganzen Tag über ihr zerstörtes Leben jammerte.

»O je, nein, jetzt nicht schrie Hausdörffer, als sie noch einmal, un nun mit der Sonnenschirmkrücke, klopfte, »machen Sie mich nicht unglücklich – ich komme sofort hinunter, das heißt –« Neues Lachen.

Zornig und ganz aus der Fassung stieg die Besucherin die knarrenden drei Stiegen hinab, um unten zu warten. Aber wo unten? In dem qualmigen Schenkzimmer unter den biertrinkenden Bauern? Oder auf dem Hof, wo die Hühner im Dunghaufen pickten und der Hund an der Kette knurrend gegen sie fuhr? Sie stellte sich zuletzt an die Kegelbahn und sah gedankenlos die Kugeln rollen, hörte das Poltern an den losen Planken, und dachte, daß er vielleicht nicht so unrecht habe mit den zwei Welten: eine solche Geschmacklosigkeit, hierher zu ziehen Äußerst verwirrt sah er aus, als er endlich erschien, mit Backen, die vor Verlegenheit brannten, und wild um den Kopf stehendem Haar. Wahrhaftig, er paßte in diese Umgebung. Wie ein verhungerter Dorfschulmeister

»Aber, lieber Doktor« begann Mama vorwurfsvoll. Nun war sein Gesicht ernst genug, er begrüßte sie stumm und bat mit einer Handbewegung: »Gehen wir vielleicht der Landstraße nach?« Sie gingen.

»Aber, lieber Doktor, ich begreife Sie nicht Was ist das für eine Marotte?«

Er murmelte, es sei sehr gut so, er kenne Dachau in- und auswendig, da oben in seiner Mansarde sei es ruhig und billig.

»Und lustig scheint es auch herzugehen, nach Ihrem Lachen zu schließen.«

Nun glitt ein Zwinkern um seine Lippen.

»Wenn Sie's denn wissen wollen – ich lag gerade im Bett, als Sie klopften, hatte mich todtmüde gelaufen.«

»Ach so« und dann, in mütterlich besorgtem Ton: »Wie haben wir uns um Sie geängstigt Was für Geschichten machen Sie uns«

»So haben Sie meinen Brief nicht bekommen?« stotterte er mit neidischen Blicken nach den Spatzen, die so gute Flügel hatten, und so tapfer Gebrauch davon machten.

»Ach, der Brief – an den glaub' ich nicht mehr.« Mama suchte ihm ins Gesicht zu sehen, überlegen, ohne Wimperzucken. »Gestehen Sie nur, daß Sie plötzlich den Muth verloren hatten« drängte sie.

»Nun ja den Muth verloren, das ist es ja,« machte er kläglich.

Vor ihnen lag eine große Pfütze von dem gestrigen Landregen; Mama ergriff mit energischer Gebärde Richards Arm und hing sich daran. »Lieber Doktor, das geht nun wirklich über meine Kräfte, ich habe keine Nagelschuhe an, gibt es denn keinen trockenen Fleck in diesem ganzen öden Moordorf?«

Hausdörffer bedeutet ihr, daß es droben am Schloß besser werde. »Auf meine Bude kann ich Sie leider nicht einladen, und in den Wirthschaftsgärten wären wir nicht ungestört.«

Resignirt setzte Mama einen Fuß um den andern in den grundlosen, von Geleisen durchschnittenen Weg. Der Mann an ihrer Seite, so nah, sie brauchte ihr nur festzuhalten, um ihn ihrem Kinde wieder zuzuführen Sie war nicht gewillt, allein nach München zurückzukehren; er machte auch ein so verschüchtertes Gesicht, als wisse er genau, was sie vorhabe.

»Ich bin gekommen, um mich persönlich mit Ihnen auszusprechen, lieber Doktor,« begann sie in leichtem Ton, »Briefe sind mir überhaupt odios, und von Mund zu Mund wird man viel eher fertig. Also, um den Anfang zu machen: ich weiß alles«

Sie blieb stehen und nöthigte auch ihn zum Anhalten. Mit hohen Augenbrauen sah Hausdörffer auf sie nieder. »Ich bedaure, Sie nicht zu verstehen, gnädige Frau.«

Mama griff mit nervöser Handbewegung nach dem eleganten Juchtentäschchen, das sie am Mittelfinger baumeln hatte, und zog ein Blatt Papier heraus. »Mein lieber Doktor, ehe wir weiter sprechen, der Zufall hat mir ein Blättchen zugespielt, sehen Sie's einmal an, nicht wahr, das ist doch Ihre Handschrift?«

»Wie kommen Sie dazu?« rief Richard unbedacht und heftig erschreckend.

Es waren die Reime von jenem Morgen in Gauting. Ohne Umstände entriß ihm die Dame das Papier, um es wieder in der Tasche zu bergen. Dann streckte sie ihm mit einer großen liebevollen Gebärde die Hand hin: »Und darum?« sagte sie schmelzend, vorwurfsvoll; »o, mein lieber junger Freund, besser wäre es zwar gewesen, wenn die Geschichte nicht ans Tageslicht gekommen wäre, dergleichen

Geschichten sollen niemals an die Öffentlichkeit gelangen, denken Sie an Tonis zarte Mädchenohren Aber eine solche Verirrung ist noch kein Grund, an seiner Zukunft zu verzweifeln und auf ein Glück zu verzichten, dessen Sie trotzdem – mein mütterlicher Instinkt täuscht mich da nicht – trotzdem noch heute würdiger sind als viele andre.«

»Aber was – was trauen Sie mir denn zu?« rief er mit halberstickter Stimme.

Ein strafender Blick fuhr über ihn hin. »Zwingen Sie mich, Ihnen die Geschichte noch einmal zu wiederholen? Das ginge doch wohl zu weit. Aber diese Liaison ist jetzt endgültig abgebrochen, nicht wahr? Das darf ich doch von Ihrer Ehrenhaftigkeit erwarte, hoffe ich Ich lege kein zu starkes Gewicht auf diese Dinge,« flüsterte sie dann, und ihre Miene ward mild und nachsichtig, »wenn man selbst verheirathet gewesen ist, und – ach, du mein Gott, man weiß es ja leider, wieviel leichtfertige Frauenzimmer es gibt, und wie die Verführung in jeder Gestalt an so einen jungen Mann herantritt.«

Hausdörffer erinnerte sich blitzartig schnell, daß auch er zuweilen geprahlt, man könne sich der Weiber kaum erwehren, in diesem Augenblicke gab er der Wahrheit die Ehre, ein ungeheurer Ekel packte ihn. »Und Sie kommen zu mir, zu mir, von dem Sie in diese Weise denken,« zischte er, »um mir Ihre Tochter von neuem anzutragen? Ist das nicht über alle Begriffe?«

Er wollte noch mehr sagen, aber er sah die Frau blaß werden und zittern, und er bezwang sich.

»Ich habe es für Toni gethan; was thut eine Mutter nicht für ihr Kind,« flüsterte sie mit einem Blick der Furcht und des Hasses. »Das Mädchen geht mit zu Grunde, sie ist um ihre schönsten Lebensjahre –«, nun kamen die Tropfen, sparsam und brennend, und diesmal echt. »Was wissen Sie von den Gefühlen einer Mutter Wir haben kein Vermögen, wie Sie wissen, die Pension reicht jämmerlich für uns beide. Ich glaube, daß es nur übertriebenes Pflichtgefühl ist, was Sie zu dem Brief an Toni veranlaßt hat. Sie konnten es nicht ertragen, daß Ihre Braut von der Liaison mit der Malerin erfuhr – mein Gott, es war ja auch ungeschickt –«

Richard lachte wüthend und gell. »Aber es ist ja kein Liaison da Seid Ihr denn alle verrückt? Aber das ist ja, um selber toll zu werden«

Die Frau maß ihn verächtlich von oben bis unten. »Ja, wenn Sie so anfangen, wenn Sie leugnen –«

»Hören Sie,« rief Hausdörffer und packte ihren Arm, den sie angstvoll zurückzog, »man hat Sie belogen, ich könnte Ihnen eine Geschichte erzählen, so harmlos, so unschuldig, aber Sie sind nicht die Dame, um harmlose, unschuldige Geschichten zu glauben Nein, es nutzt nichts« rief er heftig, »und darum zur Hauptsache. Toni ist frei, weil wir nicht zueinander passen. Ich kann sie nicht heirathen, weil ich sie nicht liebe, und weiter hatte ich keinen Grund. Die Unentschlossenheit hat mich fast krank gemacht. Wenn das so fortgeht, geb' ich mich in eine Nervenheilanstalt –«

Mama faßte sich an die Stirn, eine große Ermüdung hatte sich über ihre Züge gebreitet. »Vor einer Woche sprachen Sie noch von Ihrer unverbrüchlichen Treue –« Sie schlug die Hände zusammen. »Gott im Himmel, wird denn solche Perfidie auch an geschützten jungen Mädchen verübt? Ach, wenn mein Mann noch lebte«

Hausdörffer ließ nun auch den Kopf hängen. »Und mit mir haben Sie kein Mitleid? Bin ich nicht auch enttäuscht? Ja, wenn ich ein leichtsinniger Mensch wäre Aber sehen Sie, grade dann würde ich Toni unbekümmert heirathen, obgleich sie mich nicht liebt –«

»Toni, die bereit ist Ihnen ihr junges Leben zu widmen« fiel Mama grollend ein.

»Und die nicht einen Funken Vertrauen zu mir hat Ich bin ihr wie der erste Mensch von der Straße, irgend ein Mordbrenner Dabei zufällig ihr Bräutigam Nein – thun Sie mit mir, was Sie wollen, jetzt kann ich's nicht«

»Vertrauen Und verdienten Sie es denn, Herr« schrie die Mutter, »liefern Sie mir nicht den Beweis, daß ich recht that, mein Kind noch immer zu warnen? Zwei schöne gestohlene Jahre?« Sie verstummte. »Gut« sagte sie plötzlich eiskalt, »die Sache ist erledigt. Ich kann mich nicht weiter wegwerfen. Das übrige wird mein Sachwalter mit Ihnen auszumachen haben, Sie sollen nicht zu leichten Kaufs davon kommen.«

Sie hatte hochrothe Flecke auf den Backen, und ihre Hand zitterte, als sie sich ohne Abschied von seinem Arm losmachte und umkehrte. Sie war schon einige Schritte fort, als Hausdörffer ihr nacheilte – ,er war zuerst mechanisch gradeaus gegangen. Stumm schritten sie nebeneinander durch das Dorf zur Bahn. Es hielt gerade ein Zug, bereit abzufahren.

»Daß Sie so in bitterem Groll von mir gehen –« begann Richard.

Die Frau blickte ihn nicht mehr an, hörte nicht mehr zu. »Adieu« machte sie heftig über die Schulter weg, stieg ein und war verschwunden. Der Zug hielt noch ein paar Minuten, und Hausdörffer, unschlüssig und mit bleicher Armsündermiene, stand sogar noch da, als er abgefahren war und den kleinen Bahnhof in Qualm und widrigem Steinkohlenrauch zurückgelassen hatte. Darauf ging er in seine Mansarde und legte sich für vierundzwanzig Stunden ins Bett, nach seiner Meinung das einzige Mittel, um über widersprechende Empfindungen Herr zu werden und Bitternisse zu vergessen. Aber so bitter wie heute war ihm noch nie zu Sinn gewesen. Er wollte die Glieder recken und rufen: »Frei Frei wieder mein eigen« aber das Wort erstarb ihm auf der Zunge, und ein lähmendes Verbrecherbewußtsein trat ein an die Stelle des

Freiheitsgefühls. Lauter Leute, die nun so schlimm wie möglich von ihm dachten, ihn verachteten, ihn verfolgen und bedrohen wollten Dazu die arme kleine Puppe in Thränen und Verzweiflung Wenn ein erwachsener Mensch mit tragfähigen Schultern leidet, nun, das ist einmal das Leben, dafür ist er auf der Welt. Aber solch eine arme Eintagsfliege, widerstandslos und zerbrechlich, die goldig schillernden Häutchen zerfetzt, der Glans abgestreift, die zarten Flügel verbogen und zerknickt, und all' das durch ihn – schändlich Als ob er eine Vivisektion vorgenommen hätte, und die Mutter des unglücklichen weißen Kaninchens schriee ihm plötzlich mit menschlicher Stimme in die Ohren: »Was hast du meiner Einzigen angethan«

Schlaf und Appetit nahm ihm die Vorstellung, zwischendurch huschten auch Bilder mit Lore Berth im Mittelpunkt. Noch eine gekränkte, mißhandelte, falschen Gerüchten ausgesetzte Frau und abermals durch ihn Wenn man's recht besah, konnte man sich etwas einbilden auf seine Macht. Bah, die Malerin, das war ein tüchtiger Kerl, die würde sich schon durcharbeiten, an die verschwendete er kein Mitleid; die besaß sie ja, die starken, tragfähigen Schultern. Aber einmal besuchen – jawohl Sie hatte vielleicht ein vernünftiges, tröstliches Wort für ihn in Bereitschaft. Er wünschte sich Freunde jetzt, und wenn er sich's überlegte, sie waren damals an dem verhängnißvollen Abend doch merkwürdig rasch ins Gespräch gekommen, in ein tieferes, inhaltreiches. Eigentlich hatten sie gestritten, aber doch war so eine Art Freimauerei zwischen ihnen gewesen, etwas, das zwischen ihm und Toni nie bestanden hatte. Und langsam begann ihm eine Ahnung zu dämmern, ob nicht vielleicht Toni ihn nur deshalb so sehr enttäuscht, weil er sie zufällig nach dieser Begegnung wiedergesehen und unbewußt immer an der Malerin gemessen hatte. Allmählich fing er an, sich in der Phantasie mit Lore Berth zu beschäftigen.

An einem trüben Septembertage – es war schon längst kühl und regnerisch geworden – kehrte Hausdörffer nach München und in sein altes Logis beim Herrn Strohmeier zurück. Die akademischen Ferien gingen in vierzehn Tagen zu Ende, das Geld war verbraucht, die wissenschaftliche Arbeit bereits im Druck erschienen, – keine Veranlassung war vorhanden, in diesen Nebeltagen länger in Moor und Heide zu sitzen. Eine Sehnsucht nach Gaslicht, nach Musik, nach dem Lärm und Gedränge des Viktualienmarkts, nach seinem Laboratorium und nach einer freundlichen Ansprache hatte ihn ergriffen. So überwand er seine Furcht, Toni oder die Mama irgendwo in der Stadt anzutreffen, und fühlte sich sehr erleichtert, als er seinen Koffer wieder ausräumte. Er hatte für das Wintersemester zwei Vorlesungen angekündigt und lief jeden Tag auf die Universitätskanzlei, um zu sehen, ob der Anmeldebogen schon einige Namen mehr zeige. Die Maximilianstraße vermied er ängstlich, wie er als Student die Straßen vermieden hatte, in denen Gläubiger von ihm wohnten. Auch dort wohnte ja ein Gläubiger – vorausgesetzt, daß die Damen noch nicht nach Karlsruhe zurückgekehrt waren. Er führte eine ganz unterirdische Existenz, um ihnen nicht zu begegnen; schließlich, nachdem er tagelang mir Niemand gesprochen, als mit seinen wackeren Strohmeiersleuten, begab er sich auf die Suche nach der Malerin. Eine Adresse hatte er nicht, aber dies Hineingucken in allerlei Wohnungen, in allerlei Ateliers hatte auch seinen Reiz, da er sich gerade so sehr vereinsamt fühlte. Er redete sich ein, er mache psychologische Studien, wenn er sich in irgend einer Miethskaserne von irgend einem leidlich hübschen Fabrikmädchen die Chronik des Hauses und seiner Insassen deuten ließ, wenn er aus eigener Anschauung beurtheilen lernte, wie das Mittagsessen im fünften Stock zusammengesetzt war, – dazu wunderte er sich auf Schritt und Tritt über die Summe von Lebensmuth, gutem Willen und gutem Humor in jenen Schichten, wo er nach den Büchern, die er gelesen, nur Bitterkeit oder stumpfe Verzweiflung zu erwarten geglaubt. Er erhielt mehr als eine Lektion.

Und endlich fand er auch Lore Berth in einem Mansardenatelier in der Theresienstraße, Hinterhaus. Ihre Karte war mit zwei

Hastnägeln an der Thüre befestigt. Der Hund bellte, ein gleichgültiges »Herein« ertönte, und zögernd trat er in den bunten, winkligen, oberlichterhellten Raum, – es war ihm mit einem Schlage wieder alles gegenwärtig, was man über ihn und sie ausgesprengt.

Die Malerin streckte den Kopf hinter der Staffelei hervor und rief verwundert seinen Namen.

»Ah Aber die Hand kann ich Ihnen nicht geben, die sieht aus wie gewöhnlich.«

Sie hielt die grün und blau betupften Fingerspitzen in die Höhe und lächelte flüchtig, während sie auf einen Sitz wies. Hausdörffer fand sie so blaß, so dürftig in Kleidung und Gestalt, mit so mühsamen Lächeln, so freudlosem Ausdruck auf den scharf gewordenen Zügen, in den tiefliegenden Augen, daß er die alltägliche Frage nach ihrem Befinden mit Antheil im Ton und einem sorglichen Blick vorbrachte.

»Danke wie geht es Ihnen?«

Sie wehrte also ab, freundlich, aber entschieden; die hat viel durchzumachen gehabt, dachte Hausdörffer.

»Sie malen jetzt Blumen?«

Auf einem Bauerntischchen stand ein feingestimmter Strauß langwimpriger Chrysanthemen, ein Nachmittagssonnenstrahl streifte daran hin, es gab eine besonders interessante Wirkung. Lore Berth hatte die Augen auf ihre Malpappe gerichtet.

»Was zu haben ist. Und es reizte mich, wirklich. Überdies, wenn die Menschen verrückt werden –«

Sie ging an die Waschschlüssel in der Ecke, um dort in aller Unbefangenheit ihre Finger zu säubern. Die Dachbalken hingen so tief, daß sie den Kopf bücken mußte. In dieser Haltung mit den vorgestreckten Händen schien ihm etwas traurig Resignirtes zu liegen. 'Wenn es nur keine Auseinandersetzung gibt Macht sie mir Vorwürfe, so lauf' ich fort', sagte er sich. Er war seit dem Erlebniß mit Toni's Mutter ganz empfindlich und scheu geworden. Hastig wandte er alle Aufmerksamkeit auf die Bilder und Skizzen an den Wänden.

»Viel Neues hinzugekommen?«

»Nicht eben viel. Das Stillleben da hab' ich ausgeführt und verkauft.«

Er blickte sie rasch an, sie sprach das Wort »verkauft« mit einer so lebhaften Betonung.

»Und da ist das Beste, was ich diesen Sommer gemacht habe.«

Sie zeigte nach einer Ölskizze; es war das verlorene Profil und der volle feste Nacken eines rothhaarigen Mädchens, es schien geradezu weißes Licht von dem frischen Fleisch auszugehen.

»Schade, daß es nicht fertig ist.« Hausdörffer war ganz gepackt.

Die Malerin zuckte die Achseln. »Darum ging ich überhaupt nach diesem dummen Gauting,« sagte sie zornig, »das heißt, das war mein künstlerischer Antrieb. Ein sehr schönes Modell, – sie war unser Zimmermädchen dort, ich sah ihr einmal zu, wie sie sich bei offenem Fenster wusch.«

»Und danach haben Sie die Studie gemalt?« reif er bewundernd.

Lore Berth lachte etwas geringschätzig.

»B'hüt is Danach hat sie mir viermal gesessen. Na, die Baronin –«

»Ja, was sagte sie wohl dazu?«

»O, die sagte unter Anderm allerlei, aber es ging dann in einem hin, wissen Sie.«

»Ich glaube, Sie haben dort ganz scheußlich gelitten,« sagte Richard mit einem verzweifelten Entschluß, »und sehen Sie, Fräulein, wesentlich darum bin ich heute zu Ihnen gekommen. Es lag mir schwer auf der Seele, seit ich gehört habe –«

»Was haben Sie gehört?«

Ihre Augen bekamen einen zornigen Glanz, die bleichen Nacken erglühten.

»Wenn Sie mir wenigstens nicht grollen möchten« bat er herzlich mit gesenktem Kopf.

»Ihnen? Ach nein Nur – die Verse hätten Sie damals weglassen können, das war dumm.«

»Ach ja, unmenschlich dumm Aber wer konnte ahnen – und ich war so frappirt von dem Begegniß. So etwas war ja noch nie dagewesen.«

»So, jetzt kann ich Ihnen auch die Hand geben,« machte sie erröthend, »ich war Ihnen zwar sehr böse, als wir uns damals trennten, – Sie warne nicht recht ehrlich zu Werk gegangen, mit richtigen Advokatenkniffen, ich auch so herum,« – sie drehte blitzgeschwind die Daumen umeinander –»das mag ich nicht. – Wollen Sie Thee haben? Mich dünkt, es ist Theewetter Einen Augenblick.«

Sie verschwand in einem Nebenraum; er hörte durch die dünnen Bretterwände ein Blech- und Tassenklappern. Als sie die Spiritusmaschine herausbrachte, trat er ihr hülfreich entgegen, um ihr etwas abstellen zu helfen.

»Bei Ihnen ist man immer gleich zu Haus,« sagte er fröhlich, »aber lassen Sie mich helfen Ich bin Chemiker, soll ich die Milch verwellen, wie man hier sagt?«

Lore belehrte ihn, daß man erstlich zum Thee keine verwellte Milch brauchen könne, und daß zweitens überhaupt keine Milch vorhanden sei. Dennoch gab es ein ganz behagliches Theetrinken mit Brod und Butter und einigem Zwieback. Der kleine eiserne Ofen, von Hausdörffer sündlich überheizt, fing an, eine singende Hitze auszuspeien, und als die Malerin dann eines der großen Dachlukenfenster öffnete, flogen ihnen ein paar zierliche Schneeflocken in die Tassen, schöne sechseckige Sternchen, um die es nur schade war, daß sie in der Wärme so schnell vergingen.

»Werden Sie auch den Winter hier hausen?« fragte Richard etwas ängstlich.

»Ja,« sagte sie, den Rolz streichelnd, der sein schwarzes Köpfchen zärtlich an ihr Knie drückte, »ich will's probiren. Jetzt, wo ich ganz allein bin, genügt mir's schon.«

»Ist die Gretel nicht zu Ihnen zurückgekehrt?«

Ein Lächeln spielte um ihre Lippen.

»Wir müssen uns diesen Winter einschränken, nicht war, mein Rolz?«

Das Thierchen erhob die Ohrspitzchen und bewegte den Schwanzbüschel.

»Was ist denn das, die sonderbare netzartige Zeichnung dort?« begann der Gelehrte nach einer etwas beklommenen Pause. Er hob ein Blatt auf, das zum größten Theil mit einem Gekräusel bedeckt war aus Tintenstrichen, bald dick, bald dünn, wie die Feder sie hergegeben hatte.

»Ach, lassen Sie.« Sie wollte ihm das Blatt aus den Händen ziehen, sie war roth geworden. »Nur so eine Dummheit«

»Ich kenne nichts heraus,« bemerkte er verwundert, »oder sind es – sind es nicht Fragezeichen?«

Sie nickte und schob den langen Zettel beiseite. »Man hat doch stets so allerlei zu fragen.«

»Wen?«

»Nun – Und wie ist es Ihnen ergangen?« begann sie unvermittelt.

»O, eigentlich mordschlecht. Wir waren da Kameraden.« Ihre Blicke trafen sich einen kurzen Moment.

»Hat man Sie auch beschimpft?« sagte sie mit zuckendem Munde.

»Mich? Beschimpft? O, scheußlich Ich laufe eigentlich noch herum wie ein begossener Pudel Es gab Augenblicke, wo ich mir vorkam wie im Tollhaus«

»Wie ich,« machte die Malerin.

»Die Menschen sind doch gemein, wie?« drängte er, »und sehen Sie, das waren noch Leute, die mich besser kennen sollten. Meine Schwiegermutter –«

»So? Sie sind verheirathet?«

»War Und nur verlobt, glücklicherweise So, hatt' ich Ihnen das nicht erzählt damals? Es muß ein gesunder Instinkt gewesen sein, denn die Geschichte war ein totaler Mißgriff. Hören Sie nur« Und er rückte heran und erzählte von Tonis Schönheit und Kohlköpfigkeit so kühl, so ganz unbetheiligt, daß er sich selber darob verwundern mußte. Auch die Malerin blickte ihn ein paar Mal fast erschrocken an. Von der Rolle, die seine harmlosen Reime bei der Auflösung der Verlobung gespielt, wollte er auch noch reden, aber da kam ihm plötzlich so allerlei Andres in den Sinn, daß er es für sich behielt. Er deutete nur Mamas Versuche, ihn zu halten, an.

»For shame« rief Lore Berth und sprang empört von ihrem Stuhl auf.

»Ja, ja, und glaubte doch, daß ich ihre Tochter belogen und betrogen hätte.«

»Erzählen Sie mir das nicht So etwas kann ich nicht hören.« Ihre heftigen Handbewegungen schienen einen unsichtbaren Gegner in den Abgrund zu schleudern. Rolz bellte voll Sympathie mit seiner Herrin gegen die verurtheilte Stelle dort unter den Dachsparren. »Auf alle Fälle wünsch' ich Ihnen Glück« sagte sie, noch ganz erhitzt und ernsthaft.

Sie drückten sich die Hand, fest, brüderlich; zögernd ließ er ihre Finger wieder fahren.

»Ich mache mir doch noch Gewissensbisse. Das heißt,« fuhr er fort, »nicht Ihretwegen, Fräulein, Sie werden schon mit dem Leben fertig, nicht wahr? Ich habe ordentlich eine Genugthuung an Ihrer Kraft.«

Sie antwortete nichts, er glaubte fast einen schwachen Seufzer zu hören; aber es mußte doch Täuschung gewesen sein. Wie paßte das ihr zu

»Darf ich wiederkommen?«

»So oft Sie wollen.«

»Aber nächstes Mal muß ich auch meine Künste zeigen, ja? Dann kochen wir Kaffee, und ich verwelle die Milch«

»Und wenn ich keins von beiden habe, so biete ich Ihnen ein Glas Wasser an,« sagte sie lächelnd.

Sollte sie so – schoß es ihm durch den Kopf, aber nein, sie lächelt ja Ein Mensch, der in Noth ist, wird doch nicht lächeln.

»Von Ihnen nehm ich Alles« und übermüthig sprang er die steile Treppe hinab.

Das nächste Mal, als ihn Rolz mit Gebell anmeldete, fand er Besuch bei der Malerin, ein phantastisch und schäbig zugleich angezogenes Dämchen, das ihm Lore mit schelmischem Gesicht als »Fräulein Phine« vorstellte. Sie gab keinen Ton von sich, außer einigem ängstlichen Gekicher, und Hausdörffer bemerkte eine kleine Sammlung Porzellanteller, die sie gebracht hatte, und die ihn bedenklich an Tonis Versuche erinnerten. Um so mehr fiel es ihm auf, wie nachsichtig die sonst so kurz angebundene Malerin diese Pinseleien beurtheilte. Sie sprach mit Fräulein Phine wie mit einem zehnjährigen Kinde und gab ihr die schönsten Anweisungen. Als Lore ins Nebengemach geschlüpft war, wendete Phine ihre schwimmenden Äuglein Richard zu und sagte mit gerührter Stimme: »Fräulein Berth ist reizend, nicht?«

Er hatte noch nie eine so abgeschmackte Person gesehen, und als sie abging, gab er seiner Freude darüber mit einigen launigen Worten Ausdruck.

Lore schalte ihn sogleich: »Ein gutes dummes Ding« sagte sie. »Eine arme Person, durch und durch hysterisch, von ihrer Mutter gedrückt, niedergehalten, als Baby behandelt, bis sie für Alles unbrauchbar geworden ist. Seit sie nun mich kennt, will sie durchaus auch malen und denkt nur noch an Porzellanteller Nein, lachen Sie nicht, es ist schon ein Fortschritt, früher dachte sie an gar nichts Und dann dieser Heroismus, jede Woche zu mir laufen, ohne Wissen der Mutter Baronin, – das muß auch angeschlagen werden«

»Sie liebt Sie schwärmerisch,« meinte Richard ironisch.

Lore schüttelte den Kopf. »Sie sind ein schlechter Mensch, denken Sie sich doch einmal hinein in solch eine vergitterte, enge, arme Seele Das ist doch nichts zu verspotten?«

»Ich kann es einfach nicht, Fräulein,« er sah sie mit schalkhaft leuchtenden Augen an, »und ich bin doch sehr vergnügt, daß sie weg ist«

»Aber Kaffee gibt's nicht,« – eine leichte Befangenheit machte sie stocken – »nehmen Sie mit meinem Thee ohne Milch vorlieb, nicht einmal Zwieback kann ich Ihnen heut anbieten.« Es klang ein bißchen betrübt. Er wollte sie trösten, aber das gab nun erst recht eine verlegene Rederei.

»Ach,« sagte sie, den Kopf zurückwerfend, »was drücken wir uns da um diese einfache Thatsache herum. Sie wissen's ja schon, daß ich arm bin, es ist nicht das erste Mal, daß mir ein erwartetes Honorar ausbleibt, und daß ich mein Brod ohne Butter esse«

Hausdörffer starrte sie entsetzt an. »So von der Hand in den Mund?« stammelte er.

»Ja Regen Sie sich nicht auf, ich bin das gewöhnt; ich hab' das mit offenen Augen auf mich genommen, als ich Malerin wurde.«

»Aber das ist ja schrecklich, Fräulein«

»Warum schrecklich? Ich weiß ja nicht, ob ich morgen lebe, weshalb muß ich's denn ganz genau wissen, daß ich morgen esse?« Ein kühner stolzer Ausdruck verschönte ihr Gesicht. »Nur der verdient sich Freiheit wie das Leben, der täglich sie erobern muß.«

Sein Blick glitt über ihr blasses Gesicht, über die dünnen Kleider, über dies malerisch, aber winddurchpfiffene Gelaß unterm Dach, und Theilnahme, dazu Besorgniß, sie zu beleidigen, schlossen ihm den Mund.

»Es kommt wieder besser,« sagte sie, als müsse sie ihn ermuthigen, »im Ganzen hab' ich nie besonders Pech gehabt. Nur in diesem Gauting« – sie stampfte mit dem Fuß auf – »und ich hatte so schöne Pläne für den Winter, der nun recht dürr und kümmerlich vor mir liegt.«

»Schöne Pläne?«

»Sehen Sie, ich hab' eine Schwester in England, die ist Lehrerin da, sehnt sich aber seit Jahr und Tag hierher zurück, – wir wollten zusammen leben, ich hätte Jemand gehabt, der sich mit mir freut, wenn mir etwas gelingt, oder wenn ich etwas verkaufe. Es ist so langweilig, sie immer dort, ich hier allein –«

»Ja, ja Gewiß.«

»Und es ließ sich verlockend an. Fünf Aufträge in Sicht. Fünf Porträts in dem Gautinger Kreis. Eins scheußlicher als das Andere freilich, aber dafür hatte ich doch das Extravergnügen an der schönen Vroni, dem Zimmermädel. Und dann diese Enttäuschung Meiner armen Clothe abschreiben müssen, – und wir zählten schon die Tage So arg ist mir's noch nie ergangen.«

»Und daran bin ich Schuld,« sagte Richard mit gepreßtem Ton.

»Ach, seien Sie kein Philister Es kommt wieder besser. Wir sparen jetzt mächtig, Clothe dort und ich hier. Sie hofft, hier später als Telephonistin angestellt zu werden. Wenn einem nur die Geduld nicht ausgeht.«

»Sie sind tapfer, Fräulein.«

»So? Was wissen Sie von meiner Tapferkeit? Wenn ich kein Geld habe, mein Modell zu bezahlen, ist mir's schon oft zum Heulen gewesen. Dann muß ich brach liegen. Aber ich hab's doch nicht gethan,« schloß sie trotzig.

»Aha, dann kommen die Blumen und Stillleben daran.«

»Ja, – auch die Blumen sind verhältnißmäßig noch billig. Beim Kapuziner – wissen Sie – Aber wenn man keine Postmarke nach England kaufen kann, – dann wird's fad Ist mir auch schon passirt.«

Hausdörffers Gesicht war so lang und jammervoll geworden, daß Lore lachen mußte. »Nein, gewiß, ich hab' auch schon gute Zeiten gehabt Hab' eine herrliche Fußwanderung gemacht bis zur Tiroler Grenze. Sehen Sie, das ist meine Geldkiste, die war mal ganz voll.«

Sie nahm aus einer Ecke einen alten Federkasten, wie ihn die Schulkinder benutzen, klapperig und ohne Schloß natürlich.

Richard schüttelte den Kopf. »Aber Sie sind ja der reinste Student, Fräulein, so was hätt' ich bei einem deutschen Mädchen für ganz unmöglich gehalten.«

»Ach, Sie haben wohl Ehrfurcht vor dem Geld?« sagte sie geringschätzig. »Ich hass' es geradezu Weil man es so braucht und ewig daran denken soll, es zu kriegen. Einmal hab' ich ein paar kleine Aquarelle gemacht zur Vervielfältigung in England. Die Zahlung kam nicht in Geld, das man gleich ordentlich ausgeben konnte – wie ich doch mußte – sondern so dumm auf einem Zettel, einem Check, und der ging dann noch mal auf die Wanderung nach der Londonbank oder so – kurz, ich wartete damals vierzehn Tage, Brod und Kakao, weiter hatt' ich nichts. Meinen Sie, ich hätte mich gefreut, als diese schmutzigen Papierfetzen endlich ankamen, um mich zu erlösen? Gezittert hab' ich vor Wuth bei ihrem Anblick, geweint und die Fäuste geballt, um ein Haar hätte ich sie zerrissen

Davon das Leben abhangen lassen Ob man solche scheußliche Lappen hat, oder ob man sie nicht hat –«

Sie blickte wild um sich, auch jetzt mit geballten Händen.

»Aber es ist ja nur der greifbare Ausdruck für geleistete Arbeit,« berichtigte Hausdörffer, lächelnd wie über eines Kindes Zorn.

»Für geleistet Arbeit? Aber will ich denn etwa nicht arbeiten, das heißt malen, modelliren, zeichnen, so lange meine Hände und Augen aushalten?« rief das Mädchen. »Hab' ich denn etwas Schöneres als das? Weiß ich denn irgend Besseres? Und wenn ich solche Säcke voll Geld hätte« Sie zeigte bis an die Decke hinauf in ihrer ungestümen Art. »Nein, wissen Sie, ich habe schon oft gedacht, Essen und Trinken sollte frei sein für alle Ganz wie die Luft, die man auch nicht bezahlen muß, merkwürdigerweise.«

»Das würde eine schöne allgemeine Faulenzerei geben« wehrte Richard.

Lore blickte ihn empört an. »Und so etwas sagt ein Gelehrter? Ja, arbeiten Sie denn nur, um Geld zu verdienen?«

»Nicht nur,« machte er gedehnt, »nicht einzig, aber ob ich so Tag für Tag über dem Mikroskop hängen würde, wie jetzt, wenn ich —«

»Pfui, Sie machen sich schlecht Ich glaub' Ihnen nicht Die Arbeit ist ja das Leben selbst. Meine Malerei ist mein Leben.«

»Ja, die Kunst — wenn man so etwas sieht und hört, — da kommt einem die eigene Arbeit dürr vor.« Er seufzte leise, während er mit Neid in ihre glänzenden Augen blickte. »Es hätte vielleicht auch so etwas in mir gesteckt, aber es ist erdrückt worden. Ich mußte ein Brotstudium wählen, und die Wissenschaft — die hat ja auch immer ein schönes Auge —« Er verstummte; es war Zeit zu gehen, aber er kam schwer los.

Als sie sich zum Abschied lange und warm die Hand drückten, sagte er plötzlich mit einem Anlauf:

»Aber Fräulein, nicht wahr, wenn einmal dort in der Geldkiste gar nichts mehr ist —« Sie wollte ihn unterbrechen; er fuhr hastig fort: »Ich meine, wenn wieder ein Honorar so lange auf sich warten läßt, — darf ich Ihnen etwas

Lore machte ein unwilliges Gesicht.

»Ich bin selbstständig — ich —«

»Nun, sagen wir, wenn Sie einmal keine Freimarke nach England mehr haben«

»O, ich hab fünf Stück im Vorrath jetzt Ich bin sehr haushälterisch geworden Danke Ihnen.«

Sehr nachdenklich und etwas niedergeschlagen ging er seiner Wege. Lore Berth blickte noch eine Weile mit Lächeln die Thüre an, hinter der er verschwunden war. Dann fing sie an, beim letzten Tageslicht neue Fragezeichen zu den alten zu setzen, der Bogen war bald voll, sie schrieb sie vorsichtig, aber äußerst emsig, immer eins neben das andre.

Sie sahen sich häufig jetzt. Richard pflegte besonders dann zu ihr zu gehen, wenn seine Stimmung gedrückt, sein Humor in die Brüche gegangen war. Und solche Zeit kam nun oft. Seine Vorlesungen mußten wegen Mangel an Theilnehmern aufgesteckt werden, seine Arbeit befriedigte ihn nicht, dazu kamen Briefe über Briefe von Advokaten, Tonis Mama verlangte eine Entschädigung von fünfzehntausend Mark wegen des Bruches.

»Aber so lachen Sie doch und eröffnen Sie den Spekulanten, daß Sie nichts haben,« rieth Lore eifrig. Sie hatte gut reden. Hausdörffer schämte sich ganz einfach, seine Verhältnisse vor diesen Augen aufzudecken, er sah sich lieber im Licht des Besitzenden betrachtet.

»Wie verschieden wir doch denken,« meinte die Malerin nach solchen Gesprächen – es klang bedauernd.

Richard wollte es nicht gelten lassen. Er bemühte sich, bei jeder Gelegenheit hervorzuheben, daß sie wundervoll übereinstimmten. Das bezog sich meistens freilich auf den Kuchen, den er zum gemeinsamen Thee mitbrachte und den sich Lore mit einigem Widerstreben gefallen ließ. Es waren hübsche Nachmittage, und das Lampenlicht machte das buntscheckige Atelier unterm Dach gar behaglich. Lore verstand sich aufs Drapieren und Arrangieren, auch mit den bescheidenen Mitteln; der Ofen sang, das Kesselchen summte, der Rolz schnarchte auf Richards Knieen, der sich nicht wenig auf solche Zutraulichkeit einbildete, und Lore, die den ganzen Tag allein gesessen, hatte nun so viel zu reden, daß die Zeit immer zu kurz wurde. Hausdörffer pflegte sich im Taschenbuch zu notieren, was er mit ihr sprechen, was er sie fragen wollte. Sie lachte über solche Pedanterie und hatte besonders ihren Spaß an seiner Vorliebe für kleine Bleistifte. Er schätzte diese Stummel, die er kaum zwischen den Fingern halten konnte, über alle Gebühr und konnte, wenn einer ihm zu Boden fiel, eine Viertelstunde danach herumkriechen. Das zeichnete sie dann in den kühnsten, von keiner Rücksicht auf die Wirklichkeit beschränkten Umrissen, bis sie beide in tolles Gelächter ausbrachen, all ihren Sorgen zum Trotz. Lore hatte ein Bild auf der Reise, ihr beständiges Angst- und Hoffnungsbild. Sie fürchtete, daß es auf der Tournee beschädigt werden möchte, einem Bekannten war es vor kurzem so ergangen. Sie hoffte, daß es verkauft werden möchte, knüpfte ein ganzes Knäuel von Erwartungen daran: Clothe zurück, Reise nach Venedig, Gott weiß was alles. Eines Abends, kurz vor Weihnachten, fand Hausdörffer das Mädchen in jubelnder Aufregung. Es war ein Brief vom Kunsthändler gekommen, etwas geheimnißvoll, aber unzweifelhaft das Schönste verheißend. Richard mußte ihn sogleich lesen und begriff ihre Begeisterung nicht recht. Sie kreiste fortwährend um den Tisch herum und sprach wie im Fieber. Einige Damen wünschten ihre Bekanntschaft zu machen, der Kunsthändler lud sie zu morgen Mittag in seinen Salon ein. Lore dichtete eine lange Gedichte dazu. Sie hatten wahrscheinlich jenes wandernde Bild »Am Brunnen« gesehen, wollten aber mit der Malerin persönlich unterhandeln und waren deshalb nach München gekommen. Das schien ihr ganz selbstverständlich. Hausdörffer verschwendete eine Menge Worte, um sie vor zu großen Erwartungen zu behüten, aber er hatte nie Glück mit solchen Vorstellungen.

»Rabengekrächz« machte sie ärgerlich, »komm, Rolz, beiß ihn, er will mir die Freude verderben«

Rolz knurrte ihn an, als habe er nie auf seinen Knieen geschnarcht.

»Sie kommen doch morgen jedenfalls wieder? Sie müssen doch hören,« rief ihm die Malerin über die Treppe nach.

»Ja, ich werde zwei Taschentücher einstecken,« brummte er zurück.

Am andern Morgen sollte die Begegnung stattfinden. – Hausdörffer machte sich um sechs Uhr, nach Schluß des physiologischen Instituts, mit einer unbestimmten Unruhe auf den Weg nach der Theresienstraße.

Er schauerte im eisigen Wind trotz seines großen grauen Mantels und verschrieb sich im Gehen ein Gramm Brom vor dem Schlafengehen, denn er fand sich entschieden nervös aufgeregt.

Auf sein Anklopfen antwortete nur Rolz' durchdringenden Stimme, das Herein mußte sehr matt gewesen sein. Er trat hastig ein und sah sich um, – es war fast dunkel im Atelier, nur durch die angelehnte Thür des Nebenzimmers fiel ein Lichtstreifen.

»Sind Sie es? ich komme gleich« sagte es müde und halblaut drinnen.

»Aha Nun wer hat recht behalten? Es ist nichts mit dem Bild,« rief er, fast wider Willen, im Schulmeisterton.

Darauf kam keine Antwort, nur ein unartikulirter Laut, dann trat die Malerin heraus, die Lampe in der linken Hand, mit der rechten ihre Augen schützend.

»Was ist geschehen? Sie haben doch nicht geweint?« sagte er, ihr die Lampe abnehmend.

»Ach« Sie drehte den Kopf weg, aber er hatte doch schon gesehen, daß ihr Gesicht ganz verzerrt war.

Er nahm sie an der Hand und führte sie zu der improvisirten Chaiselongue, – es war ein großer Lederkoffer mit einer Matratze darauf, über die eine buntgestreifte italienische Decke gebreitet war. Für sich selbst zog er einen Hocker heran und setzte sich, immer ihre Hand festhaltend, dicht vor sie.

»Jetzt sehen Sie mich mal an, Fräulein, thun Sie, als ob ich ihr Augenarzt wäre.«

Aber sie verzog schmerzlich den Mund. »Lassen Sie mich in Ruh, mein Kopf ist wüst.« Sie griff sich an die Stirne.

»Was hat Ihnen der unverschämte Mensch gethan?« fragte er in sanft liebkosenden Ton.

»Ach, ich mag nicht.«

»Soll ich denn gar kein Recht haben, mich mit Ihnen zu ärgern?« flüsterte er, über ihre Hände gebeugt.

»Da waren drei Damen,« begann Lore Berth; plötzlich stürzten ihr wieder Thränen aus den Augen, sie machte ihre Hände los und sprang von dem Sitz auf, um wegzulaufen.

Auch Richard stand auf, ganz verstört und rathlos. »Wollen Sie mich nicht denn durchaus jetzt los werden? Soll ich weggehen?«

»Ja,« murmelte sie abgewandt.

Er griff nach seinem Mantel, zog aber gleich wieder die Hand zurück.

»Nein,« sagte er herzlich, »ich thu's nicht. Ich will wissen, was man Ihnen angethan hat. Und Sie sollen davon sprechen, desto eher werden Sie's überwinden.« Er streckte die Hand aus. Lore setzte sich auf den ersten besten Stuhl, ohne seine Hand zu beachten.

»Der Kunsthändler ging natürlich fort, und ich blieb mit diesen Damen allein. 'So, also Sie sind die Malerin Lore Berth?' sagte die eine und nahm ihre Lorgnette vor die Augen, die Zweite setzte einen Zwicker auf, die Dritte war ganz jung, aber impertinent schaute sie auch her. Es waren nur drei Stühle da, ich stand vor ihnen und ließ mich beäugeln, wunderte mich, wollte rabiat werden, bezwang mich, weil ich dachte, nun kommt die Frage nach dem Bilde.« Hausdörffer ließ einen grollenden Ton hören.

»›Die bekannte Lore Berth aus Gating?‹ begann jetzt die mit dem Zwicker – es waren nicht die Worte, es war die Betonung; das war doch mehr als schlechte Erziehung, die wollten was von mir. Ich sagte, daß München meine Heimath sei, nicht Gauting. ›Aber Sie sind diesen Sommer dort gewesen?‹ fiel die Kleine ein. ›Sie haben dort interessante Bekanntschaften angeknüpft und fortgesetzt,‹ – und dann nannten die drei Frauenzimmer Ihren Namen und fragten mich nach Ihrer Adresse, ›da Sie mit dem Herrn sehr intim sind, wie ich weiß.‹«

Lore hatte ihr Gesicht in die Hände versteckt und stöhnte. »O, es war so unsäglich widrig und schändlich, daß ich es gar nicht ausdenken kann. Und ich dummes Ding stehe da, stumm und verdutzt, und lasse mir all das an den Kopf werfen und besinne mich immer, was die von mir wollen, und sage nur mechanisch:

›Bemühen Sie sich auf die Polizei,‹ und dabei muß ich immer das Haar von der Kleinen ansehen, so ein schönes Rothblond, und der ganze abgeschmackte Salon fängt an, sich mit mir zu drehen, und ich lehne mich an eine Wand – da nehmen die drei mit höhnischen Gesichtern ihre Kleider zusammen, rauschen an mir vorbei und hinaus und – – fertig Den ganzen Heimweg hab' ich sie verschimpft, ihnen alle Schand' gesagt, aber drinnen – kein Wort – o – o – o – kein Wort«

Hausdörffer stand sprachlos; er glaubte zu ersticken. »Haben Sie die Namen – –« begann er heiser.

»Semen oder Seven und Wagner, glaub' ich; ich höre nie hin bei Vorstellungen.«

Richard fühlte, daß ihm alles Blut aus dem Gesicht wich. »Das befürchtete ich.« Er stockte.

»Kennen Sie sie?« schrie die Malerin.

»Toni, ihre Mutter und Freundin, nicht anders,« sagte er; »ja, das ist Frauenrache.«

Lore raffte sich auf, um etwas zu sagen, aber sie schüttelte den Kopf.

Eine Pause entstand, eine lange, wo nur das Stoßen des Windes gegen die Ziegel am Dach und das gepreßte Athmen drinnen hörbar waren.

»Lore,« murmelte Hausdörffer endlich, »sind Sie mir sehr böse?«

Sie bewegte verneinend den Kopf, aber sie blickte nicht zu ihm auf, der noch immer dicht vor ihr stand. Er machte eine verzweifelte Gebärde.

»Ich könnte mich zerreißen, daß ich Sie in diese Lage gebracht habe, ich weiß mir nicht zu helfen, mir nicht und Ihnen nicht. Das heißt, es gäbe wohl eine Art, – eine sehr einfache Art, – wenn ich nur wüßte – aber ich wage nicht – – Sie sind solch ein besonderes Wesen – und dann glaube ich auch, ein Geschöpf wie Sie würde immer darüberstehen – –«

»Über?« fragte sie verwundert.

»Über der Liebe, nicht wahr? hab' ich nicht recht? Nein, was ist das für ein Ton, Lore? Lachen Sie?«

Ja, sie lachte und blickte ihn spöttisch, wie es schien, von der Seite an.

»Dies muß ich ergründen« reif er athemlos und zog sich einen Stuhl neben sie, »sagen Sie mir, Lore, könnten Sie lieben wie andre Frauen? Haben Sie jemals geliebt?«

»Ha« machte sie und lachte wieder, »warum fragen sie nicht: immer? Kann man denn sein ohne das?«

»Immer? Sie kennen die Liebe? Sie sind nicht darüber?« jubelte er, »Halten sich nicht zu schade dafür? Aber das ist ja reizend Ich habe mir immer gesagt, solch ein seltenes Wesen; aber sehen Sie, schon als ich hörte, daß Sie auch weinen können . . .«

»Weinen Meine Schwester hat sich todt geweint,« fiel die Malerin ihm ins Wort, »o, wir verstehen es nur zu gut.«

»Todt geweint? Nein, wirklich todt? Eine jüngere Schwester? Und warum?«

»Unsere älteste; sechzehn Jahre war sie, eine traurige Liebesgeschichte, der Mann wußte gar nichts davon, heirathete eine Andere, da ward sie eines Morgens todt im Bette gefunden.«

Ihre Stimme zitterte.

»Lore« flüsterte Richard, »könnten Sie mich – – ist es denn möglich, daß man so lieben kann? gibt es das wirklich?«

»Ich weiß nicht.«

Er hatte ihre Hand gefaßt und preßte sie stürmisch. »Ach,« rief er hingerissen, »was bist Du doch für ein kleines armes, wehrloses Kind mit all Deiner Stärke in dieser groben Welt Komm, komm, gib Dich in meine Hand ganz Liebe mich, Lore, liebe mich ein bißchen, und ich will Dich schützen und um Dich sein, daß Dir Keiner mehr ein schiefes Gesicht machen soll. Du bist zu gut, zu nobel, zu einfältig, ich bin ein bißchen schlechter, ich kann's ausgleichen. Die Hauptsache ist: liebst Du mich?«

»Ja, aber – –«

»Ja ja kein Wort weiter. Lore, ich habe Dich sehr lieb, sehr, sehr, und sieh, bin ich Dir's nicht auch schuldig? Sie reden über Dich, sie entziehen Dir die Aufträge, sie laden Dich ein, um Dir Unverschämtheiten zu sagen, Alles durch mich, Alles meinetwegen. Ich will Dich wieder hinaufbringen, hoch hoch sie sollen es wagen meine Frau –«

»Richard« schrie die Malerin, »wenn Du noch ein solches Wort sprichst« – sie hatte ängstlich seinen Arm gefaßt, »was hilft es alles, – wir sind zu ungleich, und das – und das ist – zum Todtweinen.« Sie schluchzte auf.

»Was hab' ich denn gesagt? Was hat Dich so verletzt? Ach, sag mir's doch, es soll ja nicht wieder geschehen,« klagte sie reuevoll. »Glaubst Du mir nicht, daß ich es gut mit Dir meine?«

»Auf Deine Art von Deinem Standpunkt.«

»Ach was, Standpunkt mein einziger Standpunkt ist meine Liebe zu Dir. Alles Andere läßt sich lernen; glaubst Du nicht?«

»Ich weiß nicht – –«

»Sie weiß nicht Aber ich weiß Du hast auch noch zu lernen, glaub mir nur Du bist viel zu selbstständig geworden. Ich muß Dich in die Liebeszucht nehmen, weißt Du das?«

»Ich glaube, wir werden uns ewig zanken,« sagte sie, und ein voller Liebesstrahl zuckte über ihn hin.

»Und uns ewig versöhnen Aber das ist ja himmlisch Und nie langweilen O Lore, was für ein glücklicher Kerl ich bin«

»Und die Leute werden ihr Theil thun, uns das Leben schwer zu machen.«

»Aber wir beide, Lore«

»Ja, wir beide.«

Wie sie sich umfangen hielten, sagte er ihr plötzlich dicht am Ohr: »Und ein Schloß für den Federkasten«

»Ha, wozu?«

»Nur so, der Ordnung wegen. Und gelt Du, so einen nächtlichen Wanderer läßt Du nicht wieder ins Haus, wenn Du allein bist?«

»Kommst Du auch – –«

»Ja, ein bißchen leichtsinnig war es doch.«

»O« rief sie empört und riß sich aus seinen Armen, »Du bist ein Philister wie alle Andern.«

Einen Augenblick stand er und biß sich auf die Nägel. Rolz hatte ein Watteflöckchen von den Pastellfarben aufgelesen und stellte sich mit zwei Pfoten an Lore in die Höhe; er fühlte sich schwer vernachlässigt. Das Mädchen hob ihn auf und drückte sein Köpfchen an ihre Backe, da schluckte er vor Freude.

»Sie seufzte. »Die Liebe hätten wir wohl, aber —«

»Deine abscheulichen Aber,« fiel er ein. »Übrigens, weißt Du, Philister sind sehr nothwendig. Bleib wie Du bist, meinetwegen, aber mich laß für Dich bellen.«

Und da sie immer noch schmollte, umfaßte er sie sammt dem Hündchen, das eifersüchtig gegen ihn anfuhr. »Liebe Lore, los wirst Du mich nicht wieder. Und das schwör' ich Dir, Du sollst mich immer auf Deiner Höhe finden. Gelt, willst es mit mir versuchen?«

»Versuchen« gab sie zurück, und die Blicke ineinander getaucht, versanken sie beide in ein stummes, glückseliges, banges Sinnen, in ein Hinausblicken in die verhüllte, unenträthselbare Zukunft.